삶을 설계하는 시간
유아기 큰그림 교육

김성옥 지음

"사람이 생각할 줄 안다는 것,
그것은 곧 자기가 원하는 대로
자신을 만들어갈 수 있는 변화와 재생의 기능을
자기 안에 품고 있다는 뜻"

- 제임스 앨런 -

빅픽쳐 삶을 설계하는 시간,
유아기 큰그림 교육

발 행 일	2025년 10월 25일
지 은 이	김성옥
편 집	권 혁
디 자 인	김현순
발 행 인	권경민
발 행 처	한국지식문화원

출판등록	제 2021-000105호 (2021년 05월 25일)
주 소	서울시 서초구 서운로13 중앙로얄빌딩 B126
대표전화	0507-1467-7884
홈페이지	www.kcbooks.org
이 메 일	admin@kcbooks.org
ISBN	979-11-7190-149-4

ⓒ 한국지식문화원 2025
본 책 내용의 전부 또는 일부를 재사용하려면
반드시 저작권자의 동의를 받으셔야 합니다.

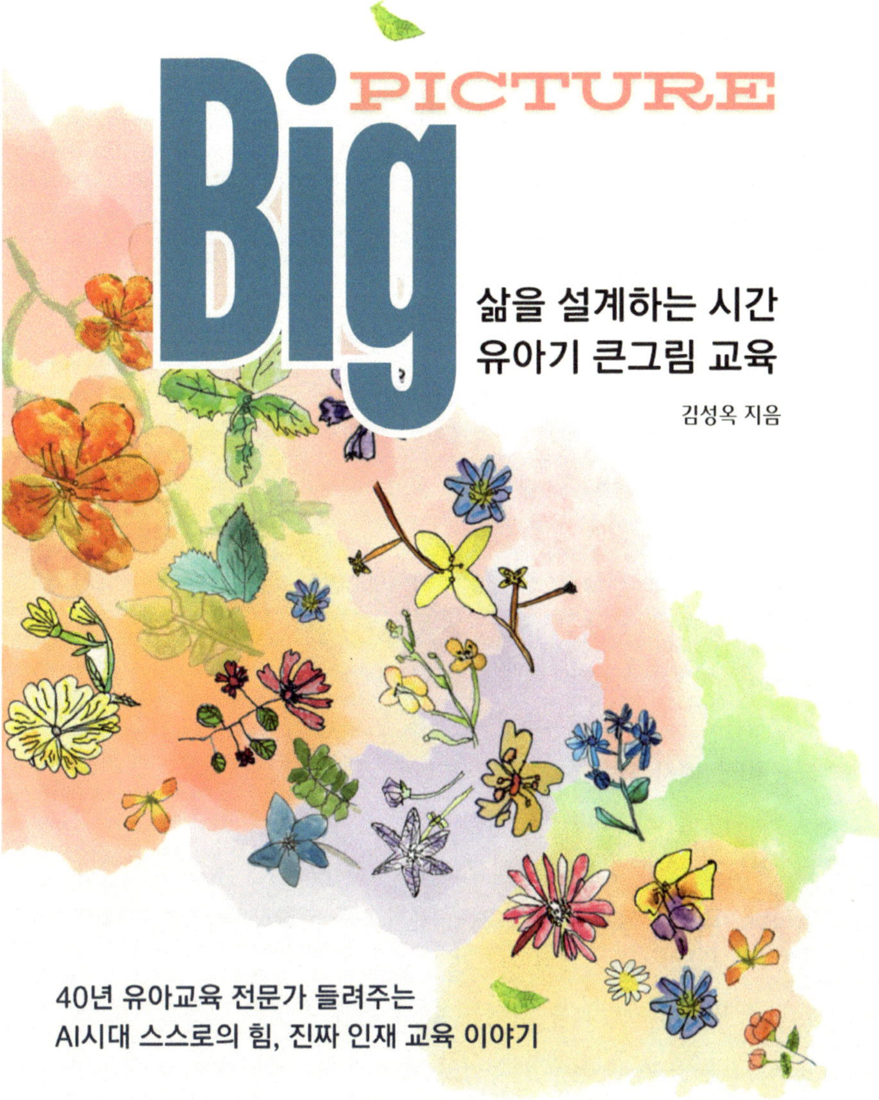

Big PICTURE

삶을 설계하는 시간
유아기 큰그림 교육

김성옥 지음

40년 유아교육 전문가 들려주는
AI시대 스스로의 힘, 진짜 인재 교육 이야기

추천사

2024년 국내 출생아 수는 238,300명으로 평균 출생아 수는 0.75명이지만 전년도보다 0.03명이 증가했다는 통계를 보고 안도감이 생겼다. 원인은 여러 가지겠지만 자녀와 함께 행복한 삶을 꿈꾸는 가정이 증가한다고 해석하고 싶다.

왜 유아교육과를 선택했냐는 질문에 학생들은 이렇게 말한다.

"제가 만났던 선생님 중 가장 기억에 남고 따뜻했던 선생님이 유치원·어린이집 선생님이에요. 저도 그런 사람이 되고 싶어요. 저도 좋은 선생님이 될 수 있을까요?"

학생들의 답변에 감동하고 고개를 끄덕인다. '그래 맞아. 나도 그랬지! 그래서 유아교육과를 선택했어!'

'한 아이를 키우려면 온 마을이 필요하다'라는 아프리카 속담처럼, 부모가 자녀 양육을 위해 도움을 받을 수 있는 것은 가족뿐만 아니라, 교육 신념과 철학을 지닌 유아교육 기관장, 따뜻하고 좋은 영유아 교사, 실천 사례가 풍부한 육아서적 등이 있다.

그런 면에서 유아교육 기관을 40여 년간 운영한 김성옥 원장의 『Big Picture-삶을 설계하는 시간 유아기 큰 그림 교육』이 참으로 반갑다.

추천사를 부탁받고 읽어본 저자의 글 중 가장 인상 깊었던 것은 바로 「느림보 마음 : 아이와 함께 성장하는 부모 교육 이야기」이다.

1년 동안 진행된 이 부모 교육프로그램은 정기적으로(월 2회) 느림보 육아 팁 실천 방법을 안내하고, 학기 말에는 적극적으로 실천한 부모에게 특별시상하는 것으로 운영되었다. 정보 전달에 그치지 않고 학부모의 참여를 격려한 사례는 저자가 그동안 배우고 익힌 것을 얼마나 열정적으로 실천해 왔는지를 보여준다.

유아의 행복한 삶과 전인적 발달을 지원하기 위해 오랫동안 배우고, 느끼고 실천한 따뜻한 글들은 이 시대 아이를 키우는 부모에게 좋은 나침반이 되어줄 것이라 기대한다.

서영민
백석예술대학교
유아교육과 교수

추천사

아이의 인생에서 가장 중요한 시기인 유아기에 명확한 나침반이 되어주고 싶은 학부모에게 추천하는 도서입니다. 도서 제목에서 유아 시기 학부모가 어떠한 역할을 해주어야 하는지에 대한 현명한 답을 제시하고 있습니다.

이 책은 유아 시기 학부모의 자녀 교육 방향 및 방법에 대하여 다섯 개의 튼튼한 기둥으로 펼쳐 보입니다. 학부모의 따뜻한 품에서 시작되는 〈안정 애착〉이라는 기초 공사 위에, 아이 스스로 세상의 경이로움을 발견하는 〈관찰의 눈〉을 뜨게 하고, 〈숲과 자연〉이라는 가장 위대한 교실로 아이들을 이끕니다. 또한 〈그림책〉이라는 보물 씨앗으로 아이의 마음과 뇌를 깨우고, 마침내 이 모든 경험을 아우르는 〈경험 중심 프로젝트 활동〉을 통해 아이가 세상을 살아가는 데 필요한 대부분 역량(지식, 태도, 기능)을 배우게 됩니다.

〈안정 애착〉〈관찰의 눈〉〈숲과 자연〉〈그림책〉〈경험 중심 프로젝트 활동〉이라는 다섯 개의 기둥은 따로 서 있지 않고 서로 유기적으로 연결되어, 아이의 삶을 총체적으로 설계하는 하나의 아름다운 건축물 같습니다. 저자인 김성옥 원장님은 오랜 기간 아이들에게 올바른 유아교육을 실현하기 위해서 다섯 개의 기둥을 중심으로 연구하고 분석하며 유아교육에 적용해 왔습니다.

더욱 중요한 것은 오랜 기간 연구 분석하고 유아에게 적용한 다섯 개의 주제를 기반으로 최근 전 세계적으로 변화된 글로벌 교육 방향인 역량 기반 교육과정과 연결해 또 한 번의 도약을 추진하고 있다는 것입니다.

대한민국의 국가 교육과정은 2024년부터 선진국 교육과정인 2022 개정 교육과정을 초등학교 1~2학년에 적용하기 시작했습니다. 초등학교 1~2학년 학생들은 과거처럼 단순 교과 지식을 학습하는 교육에서 탈피하여, 교과 지식을 기반으로 태도, 기능을 함양하는 깊이 있는 교육을 받고 있습니다.

초·중·고 학생들이 선진국 교육과정을 통해 세상을 살아가는 힘이라고 정의되는 역량을 함양하고 있는 변화에서, 저자의 5개 주제는 유아에게 역량을 가르칠 수 있는 가장 정확한 자녀 교육 방향. 방법을 제시하고 있습니다.

유아 자녀를 둔 학부모가 변화하는 교육 방향을 놓치지 않고 현명하게 자녀를 키우고 싶다면 본 도서는 명확한 방향을 제시할 것입니다.

김정권
역량교육연구소 소장

추천사
-실천하는 교육, 살아있는 교육-

　인공지능 시대, '인성'과 '자기 주도성' 교육은 생존을 위해 필수적입니다.
　요즘 아이들은 태어날 때부터 디지털 환경에 익숙한 알파 세대입니다. 인간의 본성은 사회적 존재로, 타인과의 상호작용을 통해 성장하고 발달합니다. 그러나 디지털 중심의 환경은 아이들의 정서 발달과 사회성 형성에 부정적인 영향을 끼치고 있습니다.
　유아기는 평생을 좌우하는 결정적 시기로 인지, 정서, 사회성, 신체 발달의 기초가 형성되는 시기입니다. 이 시기의 경험의 교육은 아이의 삶에 지대한 영향을 미치며, 단순한 학습을 넘어 삶의 방향을 설계하는 기초가 됩니다.
　저자는 단순히 교육을 고민하는 데 그치지 않고, 실제 교육 현장에서 더 나은 교육 환경과 방법을 실천으로 증명해 온 교육자입니다. 인공지능 시대에 필요한 핵심역량을 키우기 위해, 인간 고유의 강점을 살리는 '실천 교육'을 유아기에 구현해 왔습니다.

아이의 삶을 설계하는 유아교육의 이야기

이 책에는 저자의 교육 철학과 실천 사례들이 생생하게 담겨 있습니다.

안정 애착과 믿음을 기반으로 유아기 기초 위에
창의성과 예술 감각을 키우는 관찰과 표현 중심 교육
자연 속에서 생명과 교감하는 자연 교육
그림책을 통한 두뇌 발달 및 창의성과 인성 교육
협업과 공감을 키우는 프로젝트 활동 중심의 비판적 사고와
문제 해결 스스로 능력교육

이러한 통합적 교육으로 아이들에게 자기 주도성과 공감 능력, 창의력을 자연스럽게 키워주는 살아 있는 교육 실천서입니다.

부모님들께 전하는 메시지

이 책은 아이의 미래를 준비하는 부모님들께 드리는 진심 어린 제안입니다. 유아기의 교육은 단순한 학습이 아니라, 아이의 평생을 좌우하는 삶의 설계입니다. 디지털 시대, 인공지능 시대에도 흔들리지 않는 인간다움을 지닌 아이로 자라나기를 바라는 모든 부모님께 이 책을 권합니다.

변순정
감성 프로젝트 연구소 소장

프롤로그

　40년이라는 긴 시간 동안, 저는 유치원 교실과 아이들의 웃음소리가 가득한 뜰 안에서 두 가지 소중한 이름을 가슴에 품고 살아왔습니다. 하나는 아이들의 성장을 돕는 '교사'라는 이름이고, 다른 하나는 한 아이를 키워낸 '엄마'라는 이름입니다. 이 두 개의 이름으로 살아온 저의 삶은, 아이들이라는 작은 우주를 매일 새롭게 탐험하고 배우는 경이로운 여정이었습니다.
　제 교육 철학의 뿌리는 충청남도의 작은 시골 마을에서 보낸 어린 시절에 닿아 있습니다. 버스가 다니지 않아 한 시간 남짓 흙길을 걸어 학교에 가야 했던 그 시절, 저의 유일한 친구이자 가장 큰 놀이터는 드넓은 논과 밭, 그리고 이름 모를 풀과 꽃들이 가득한 자연이었습니다. 논두렁 우렁이를 잡느라 흙투성이가 되고, 해가 저무는 줄도 모르고 들판을 뛰어다니던 그 시간 속에서 저는 책상에 앉아서는 결코 배울 수 없는 살아있는 지혜들을 온몸으로 배웠습니다. '1g의 경험이 1톤의 지식보다 낫다'라는 저의 오랜 믿음은 바로 어린 시절 자연에서 마음껏 뛰놀던 정서 위에서 시작되었습니다.
　세월이 흘러 유치원 원장이 되고, 세계 여러 나라의 선진교육 현장을 찾아다니며 저는 더욱 분명히 확신하게 되었습니다. 아이들의 진짜 배움은 정해진 지식을 수동적으로 받아들일 때가 아니라, 안전하고 따뜻한 관계 속에서 스스로 세상을 탐험하고, 질문하며,

마침내 자신만의 답을 찾아 나갈 때 일어난다는 것을요.

AI 시대 IQ, EQ 영역까지 발전하는 시대 유아교육의 궁극적 가치는 자기주도성을 깨우는 스스로 (oneself) LQ, SQ 교육이 필요한 진짜 인재 교육이라고 생각합니다. 그 믿음을 바탕으로 제가 40년간 아이들과 함께 발견하고 가꾸어온 다섯 개의 보물 같은 길에 대한 교육 현장에서 놀이를 통한 경험 중심의 살아있는 자기만의 이야기를 만들 수 있는 교육을 실행한 이야기입니다.

첫 번째 길은 아이의 마음 밭에 사랑과 신뢰의 뿌리를 내리는 '안정 애착'의 길입니다. 두 번째 길은 세상의 경이로움을 발견하고 생각하는 힘을 키우는 '관찰의 눈'을 뜨는 길입니다. 세 번째 길은 위대한 스승인 '자연과 숲'의 품 안에서 생명의 지혜를 배우는 길입니다. 네 번째 길은 '그림책이라는 보물 씨앗'을 통해 아이의 뇌와 마음에 상상력과 공감의 싹을 틔우는 길입니다. 그리고 마지막 다섯 번째 길은, 이 모든 경험을 아우르며 아이가 배움의 주인이 되는 'IB 교육 정신의 놀이 통한 경험 중심 프로젝트 활동'을 통해 잠재력의 꽃을 활짝 피우는 길입니다.

사랑하는 부모님, 아이를 키우는 일은 때로 막막하고 외로운 항해처럼 느껴질지 모릅니다. 이 책이 그 막막한 바다 위에서 부모님의 마음을 밝혀주는 작은 등대이자, 우리 아이의 무한한 가능성을 함께 탐험하는 즐거운 동반자가 되기를 소망합니다.

40년의 교육 현장과 제 삶 속에서 길어 올린 작은 지혜들이 부모님들의 행복한 육아 여정에 따뜻한 위로와 용기를 드릴 수 있다면 더없는 기쁨이겠습니다.

이제 우리 아이의 평생을 좌우할 가장 눈부신 시간, '유아기'라는 이름의 위대한 설계도를 함께 펼쳐볼까요?

TABLE OF
CONTENTS

1장. 품 안에서 자라는 가능성: 안정 애착이 여는 유아기의 잠재력

1-1. 애착 형성의 적기는 언제일까?
   - 평생의 행복을 좌우할 삶의 첫 번째 기초 애착 18
1-2. 사랑받는 경험이 삶의 기초가 됩니다.
   - 아이는 정서적 토대 위에 꿈을 짓습니다. 22
1-3. 불안정한 관계는 아이를 움츠리게 합니다.
   - 애착의 결핍이 만드는 마음의 그림자 27
1-4. 안정 애착, 모든 발달의 출발점
   - 애착이 인지·사회성·자존감의 뿌리가 되는 이유 32
1-5. 아이의 눈빛과 몸짓을 읽는다는 것
   - 민감한 반응이 아이의 마음을 열어줍니다. 36
1-6. 믿음 안에서 자라는 사고력과 창의성
   - 안전한 품은 자유로운 탐색으로 이어진다. 41
1-7. 관계의 힘이 이끄는 자기 조절력
   - 감정 다루기, 시작은 부모님과의 관계 45
1-8. 아이의 잠재력은 '지금' 피어납니다.
   - 유아기는 능력을 기다리는 시기가 아니라 펼치는 시기입니다. 49

2장. 세상을 바라보는 눈: 관찰에서 시작되는 배움

2-1. 아이는 '보다'에서 시작하여 '느낀다'로 나아갑니다. 58
2-2. 관찰은 호기심을 키우는 씨앗입니다. 62
2-3. 자세히 보는 습관이 사고력을 만듭니다. 67
2-4. 멈춰 서서 보는 법을 배우는 시간 72
2-5. 감각을 깨우는 자연 관찰 놀이 77
2-6. 관찰을 더 깊게 만드는 '질문'의 역할 82
2-7. 관찰을 통한 '표현'과 그로 인한 '사고확장 86
2-8. 관찰의 궁극적인 의미 또는 '통찰'로의 발전:

　　　세상을 깊이 이해하는 지혜의 눈을 뜨다. 90

3장. 숲이 아이를 키운다: 자연에서 배우는 생명의 수업

3-1. 교실 밖의 교실, 숲이 아이를 부릅니다. 96
3-2. 독일에서 북유럽까지, 세계의 숲 학교가 가르쳐준 지혜
　　　- 선진 숲 교육 현장에서 얻은 배움의 기록 100
3-3. 영국 교육에서 발견한 '아이 주도 야외 놀이'와 '신체적 자신감'의 힘
　　　- 2024년 영국 교육기관 탐방기 105

3-4. "괜찮아, 다시 해보자!" 숲속 모험이 키우는 도전과 회복의 힘
　　　- 일영 소재 '우리들 자연학교', 헤이리 '어린이미술관 자란다 숲 학교' 110
3-5. 숲에서 심미적 감성 역량을 발견하다: 자연의 모든 것은 음악이 됩니다. 114
3-6. 작은 생명과의 교감
　　　- 숲에서 배우는 존중과 더불어 사는 마음 119
3-7. 봄, 여름, 가을, 겨울
　　　- 사계절 숲의 변화와 함께 자라는 아이의 마음 125
3-8. 숲에서 길어 올린 생명의 지혜, 아이 삶의 밑거름 된다. 131

4장. 그림책은 두뇌를 춤추게 한다: 이야기로 여는 창의성의 문

4-1. 내 손안의 작은 우주, 그림책 – 100권의 '보물 씨앗'을 발견하기까지 140
4-2. "뇌가 춤을 춰요!" 146
4-3. 그림책은 두뇌와 마음을 동시에 자극합니다. 152
4-4. 그림책, 마음의 문을 열다: 교감과 성장으로 이어진 작은 변화들 157
4-5. 아이와 부모 우리가 함께 성장한 '좋은 그림책 부모모임' 기록
　　　- 함께 읽고, 함께 자라는 기쁨 161
4-6. 그림책, 부모의 마음을 어루만지다: 치유가 성장이 되는 10년의 여정 166
4-7. "엄마, 이 책 또 읽어주세요"
　　　- 부모와 아이를 잇는 행복한 책 들려주기 시간의 마법 171
4-8. 가슴에 심은 '보물 씨앗' 한 알, 평생을 지혜롭게 살아갈 힘이 되다. 176

5장. 질문하고 탐구하며 스스로 답을 찾는 아이:
　　　IB 정신을 담은 프로젝트, 잠재력의 꽃을 피우다

5-1. '가슴 뛰는 탐험, 스스로 배우는 기쁨!' 184
5-2. 흙에서 식탁까지, 함께 키우고 나누는 '텃밭의 만찬'
　　　(숲과 우리 가족) 프로젝트 191
5-3. 따뜻한 마음으로 세상을 탐험한다.
　　　– '상냥히'와 배우는 긍정의 힘,
　　　　'두뇌로 세계 여행'으로 넓히는 생각의 지도 197
5-4. 일상 속 향기로운 예술, '허브 프로젝트'
　　　– 오감 체험으로 심미적 감성 역량을 꽃 피운다. 202
5-5. '마음으로 걷는 '감성 소풍', 온몸으로 발견하는 '지혜의 놀이터'
　　　–　체험이 배움이 되는 순간들 207
5-6. 생각을 나누고 공간을 바꾸며, 함께 성장하는 우리
　　　– '열린 토론'과 '꿈의 교실 만들기' 213
5-7. 아이는 다 다르기에 모두 특별합니다. 218
5-8. 유아기는 평생의 성장을 설계하는 시기입니다. 224

Big
PICTURE
삶을 설계하는 시간
유아기 큰그림 교육

1장.
품 안에서 자라는 가능성:
안정 애착이 여는 유아기의 잠재력

1-1. 애착 형성의 적기는 언제일까요?

평생의 행복을 좌우할 삶의 첫 번째 기초 애착

아이의 평생을 좌우하는 유아기, 부모와의 애착만큼 중요한 것은 없습니다. 유아기의 '안정 애착'은 삶을 설계하는 기초가 됩니다.

40여 년간 유아교육 현장에서 아이들과 함께하며, 유아기 안정 애착이 아이의 평생 행복에 얼마나 중요한지 매 순간 절감합니다. 신학기가 시작되는 3월이면, 부모님과 떨어지기 힘들어하는 아이들의 울음소리로 교실이 가득 차곤 합니다. 그 한 달 남짓한 시간은 아이에게도, 교사와 부모에게도 참 힘든 적응의 과정이지요. 오랜 시간 아이들을 지켜보며 분명하게 깨달은 것이 있습니다. 부모님과 안정적인 애착이 잘 형성된 아이들은 새로운 환경에도 비교적 수월하게 적응하지만, 그렇지 못한 아이들은 원 생활 곳곳에서 어려움을 겪는 경우가 많다는 사실입니다.

이처럼 유아기의 안정적인 애착은 아이가 성장해 성인이 되어서도 행복한 삶을 살아가는 데 가장 중요한 기초 공사가 됩니다. 그렇다면 우리 아이의 미래를 좌우할 만큼 중요한 이 애착은, 과연 언제 형성되는 것이 가장 효과적일까요? 애착 형성의 '적기'는 언제일까요?

이 질문에 답하기에 앞서, 제 개인적인 이야기를 잠시 나누고 싶습니다. 저는 소위 '노처녀'라는 말을 들을 만큼 늦은 나이에 결혼했고, 그 후로도 10여 년간 아이를 갖기 위해 힘든 시간을 보냈습니다. 여섯 번의 인공수정과 시험관 시술 끝에야 어렵게 외동아들을 만났지요. 그토록 기다렸던 아이를 처음 품에 안았던 그 순간에 벅찬 감격, 그 기쁨은 제 삶 전체를 통틀어 가장 큰 선물이자 평생 가슴에 새겨진 감동입니다.

이렇게 한 생명이 세상에 태어나는 것은 그 자체로 기적입니다. 하지만 아이는 홀로 존재하지 않습니다. 태어나는 순간부터 누군가와의 '연결' 속에서 비로소 한 사람의 온전한 삶을 시작하는, 관계적인 존재입니다. 그리고 그 모든 관계의 출발점이자, 아이의 평생 행복을 좌우할 첫 단추가 바로 애착(Attachment)입니다. 애착이란, 아이가 주 양육자와 맺는 깊은 정서적 유대감으로, 아이의 정서와 사회성은 물론 생각하는 힘과 신체 발달에까지 영향을 미치는 강력한 힘을 지니고 있습니다.

애착의 씨앗은 태중에서부터 싹틉니다.

놀랍게도 애착은 아이가 세상에 나오기 전, 엄마 뱃속에서부터 시작됩니다. 임신 중 엄마가 느끼는 감정, 아이를 향한 따뜻한 말과 손길, 태명을 불러주는 모든 순간이 태아에게는 "너는 이미 사랑받고 있단다"라는 소중한 메시지로 전달되며 애착의 첫 씨앗이 됩니다.

생후 0~1세: 애착 형성의 첫 번째 결정적 시기

영국의 저명한 심리학자 존 볼비(John Bowlby)는 생후 첫 1

년, 그중에서도 특히 0~6개월을 애착 형성의 가장 핵심적인 시기로 보았습니다. 이 시기 아기는 전적으로 양육자에게 의존하며, 양육자의 따뜻한 접촉과 일관된 돌봄, 그리고 자신의 요구에 대한 민감한 반응을 통해 '세상은 믿을 만한 곳이고, 나는 사랑받을 가치가 있는 존재'라는 깊은 내면의 믿음을 쌓아갑니다. 아이가 울 때 즉각 안아주고, 배고픔을 채워주며, 눈을 맞추고 미소 짓는 일상적인 행동 하나하나가 이 믿음을 견고하게 만드는 벽돌이 되는 것입니다. 이때 형성된 안정적인 애착은 훗날 아이가 새로운 관계를 맺고, 감정을 조절하며, 어려움 앞에서도 다시 일어설 수 있는 회복탄력성의 튼튼한 뿌리가 되어줍니다.

'적기'는 생후 3년까지 이어지지만, 애착은 계속 자랍니다.
생후 첫 1년이 가장 중요하다고 해서 그 이후는 괜찮다는 의미는 아닙니다. 애착은 생후 3세까지 매우 활발하게 발달하며, 그 이후에도 얼마든지 긍정적으로 변화하고 성장할 수 있는 '살아있는 관계'입니다. 다만, 생후 3년까지는 아이의 뇌가 폭발적으로 발달하는 시기이기에 이때의 경험이 아이에게 특히나 깊고 강력한 영향을 미칩니다. 이 시기를 넓은 의미에서 '애착의 적기'라고 부르는 이유가 바로 여기에 있습니다.

완벽함보다 중요한 '충분히 좋은' 부모의 마음
'우리 아이 애착, 완벽하게 형성해 줘야 하는데….' 하는 부담감을 느끼는 부모님들이 많으실 겁니다. 하지만 소아정신과 의사인 도널드 위니, 컷(Winnicott)이 말했듯, 아이에게 필요한 것은 완벽한 부모가 아니라 "충분히 좋은 부모(good enough parent)"입니다. 아이의 신호에 늘 100% 완벽하게 반응하지 못하더라도, 아이의 감정에 진심으로 귀 기울이려 노력하고 일관되게 사랑을 표현하는 부모가 아이에게는 가장 안정적인 존재가 될 수 있다는 것이죠. 가장 중요한 것은 완벽한 기술이 아니라, 아이의 마음을 읽고 반응하려는 '진심 어린 의지'와 '꾸준함'입니다.

지금, 이 순간이 바로 애착을 키우는 소중한 시간입니다.
혹시 '우리 아이 애착 형성의 적기를 이미 놓친 건 아닐까?' 하는 걱정되나요? 괜찮습니다. 애착은 고정불변의 것이 아니라, 언제든 다시 회복하고 더욱 깊어질 수 있는 살아 숨 쉬는 관계이기 때문입니다.

저 역시 워킹맘으로 외동아들을 키우던 시절, 늦은 퇴근 후 "엄마, 잠깐만요!" 하고 부르는 아이에게 "잠깐만 기다려, 엄마 설거지 먼저 하고…."라며 아이의 눈을 제대로 마주 보지 못했던 순간들이 있었습니다. 지금 돌이켜보면 아이와 함께해주지 못한 그 시간이 얼마나 아쉽게 후회되는지 모릅니다.

우리 아이들이 진정으로 원하는 것은 거창한 선물이 아니라, 따스한 손길과 다정한 눈빛, 그리고 자신의 이야기에 온전히 귀 기울여주는 '지금, 이 순간'입니다. 아이와 눈을 맞추고, 함께 웃고, 때로는 함께 울어주는 오늘 하루가 바로 애착을 새롭게 다지고 키워가는 가장 소중한 시간입니다. 그 시간 속에서 쌓인 사랑과 신뢰야말로 아이 인생의 가장 단단한 뿌리가 되어줄 것입니다.

1-2. 사랑받는 경험이 삶의 기초가 됩니다.
아이는 정서적 토대 위에 꿈을 짓습니다.

사랑받는 경험은 단순히 감정적인 안정을 주는 것을 넘어, 아이의 두뇌 발달, 언어 능력, 사회성, 창의력 등 모든 영역의 성장 기반이 됩니다. 아이의 뇌는 사랑받고 있다고 느껴 안전할 때 가장 활발하게 작동하기 때문입니다.

"우리 아이에게 가장 먼저 필요한 것은 무엇일까요?"
수많은 부모 교육 현장에서 제가 가장 자주 듣는 질문이자, 교육자로서, 또 한 아이의 엄마로서 저 자신에게도 끊임없이 던졌던 질문입니다. 어떤 분들은 조기 교육의 중요성을, 다른 분들은 뛰어난 언어 능력이나 사회성 발달을 이야기합니다. 물론 그것들도 아이의 성장에 필요한 소중한 부분들이겠지요.
오랜 시간 아이들과 함께 호흡하며 한 가지 분명한 확신에 이르게 되었습니다. 아이에게 가장 먼저, 가장 깊이, 그리고 가장 오랫동안 필요한 것은 바로 '사랑받고 있다는 따뜻한 경험'입니다. 이것이야말로 아이의 모든 성장을 가능하게 하는 핵심적인 근간이자, 삶을 설계하는 가장 단단한 정서적 토대입니다.
저는 교육 현장에서 아이들에게 진심으로 사랑을 전하고자 매주 각 반 교실을 찾아 그림책을 들려주는 시간을 갖습니다. 이야기가 끝나면, 저는 아이들에게 작은 약속을 합니다. "오늘 원장님이 들려준 이야기 잘 들었다는 표시로, 이 종이에 멋지게 사인해 줄래?"

하고 부탁하며 아이 한 명 한 명과 눈을 맞춥니다. 그때 아이들이 "원장님이 우리를 사랑해서 재미있는 책을 들려주시는구나!" 하고 느끼며 다음 시간을 기다릴 때, "원장님, 다음 주에도 꼭 오세요!" 하고 초롱초롱한 눈으로 바라볼 때, 아이들과 깊은 사랑의 감정을 나누고 있음을 느낍니다.

제 기억에 오래도록 남아있는 한 아이가 있습니다. 특별한 도움이 필요했던 그 아이에게 우리 유치원의 모든 선생님이 정말 큰 사랑과 정성을 쏟았습니다. 시간이 지나면서 아이는 눈에 띄게 밝아지고, 친구들과 어울리며 행복한 표정을 되찾았습니다. 다시 한 번 절감했습니다. '사랑이란 정말 위대한 힘을 가졌구나. 그 어떤 훌륭한 교수법보다도 아이를 근본적으로 변화시키는 것은 바로 사랑의 힘이구나.' 하고 말입니다.

정서적 안정감, 아이 마음의 '기본값'

갓 태어난 아기가 엄마의 품을 찾고, 사람의 얼굴을 물끄러미 바라보는 것은 생존을 위한 본능이자, 관계 속에서 안정감을 찾으려는 깊은 욕구의 표현입니다. 이것이 바로 사람에게 내장된 '기본값'과도 같습니다.

엄마가 아이의 울음에 민감하게 반응하고, 아빠가 아이를 따뜻한 눈빛으로 감싸안으며 이야기를 건넬 때, 아이는 세상으로부터 첫 번째 메시지를 받습니다. "이 세상은 참 따뜻한 곳이구나.", "나는 안전하게 보호받고 있구나."

이런 긍정적인 느낌들이 쌓여 아이의 정서적 '기본값'이 안정적으로 설정됩니다. 이렇게 마음에 안정감을 가득 채운 아이는 자신을 안전하게 느끼며 세상을 향해 호기심과 믿음을 가지고 나아갈 수 있습니다.

사랑은 뿌리, 학습과 발달은 가지와 열매

많은 부모님께서 우리 아이의 화려한 '가지'와 탐스러운 '열매'에 집중하시곤 합니다. '얼마나 똑똑한지', '무엇을 잘하는지' 같은 것들이지요. 하지만 감히 말씀드립니다. 가장 중요한 것은 눈에 보이지 않는 '뿌리'입니다.

나무가 건강한 뿌리 없이 풍성한 가지를 뻗고 열매를 맺을 수 없듯이, 아이의 모든 학습과 발달 또한 '사랑받는 경험'이라는 튼튼한 뿌리 없이는 온전히 이루어지기 어렵습니다. 사랑받는 경험은 단순히 감정적인 안정을 주는 것을 넘어, 아이의 두뇌 발달, 언어 능력, 사회성, 창의력 등 모든 영역의 성장 기반이 됩니다. 아이의 뇌는 사랑받고 있다고 느껴 안전할 때 가장 활발하게 작동하기 때문입니다.

사랑은 기술이 아니라, '함께 존재하는 태도'입니다

"아이에게 어떻게 사랑을 표현해야 할까요?" 부모님들은 종종 사랑의 '기술'을 묻습니다. 하지만 아이는 부모님의 화려한 언변이나 능숙한 기술보다, 부모님이 자신과 함께하며 보여주는 '존재 자체의 태도'를 더 민감하게 느낍니다.

부모가 진심으로 아이를 소중히 여기고, 아이와 함께하는 시간을 기꺼이 즐거워할 때, 그 따뜻한 감정은 어떤 말보다 깊이 아이에게 전달됩니다. 어쩌면 아이에게는 수십 번의 "사랑해"라는 말보다, 그저 말없이 눈을 맞추고 함께 웃어주는 단 5초의 순간이 더 큰 사랑으로 느껴질지도 모릅니다.

사랑받은 아이는 넘어져도 다시 일어섭니다.

어른들의 삶과 마찬가지로 아이들의 삶에도 실패와 좌절은 늘 따라다닙니다. 하지만 사랑받는 경험을 충분히 하며 자란 아이는 실패를 넉넉히 감당할 수 있는 '자존감의 쿠션'을 마음속에 지니게 됩니다. 무언가 잘 안되었을 때, 아이는 속으로 이렇게 되뇔 수 있습니다. "괜찮아. 그래도 나는 사랑받는 아이니까." 이 굳건한 마음이 아이를 좌절의 순간에서 다시 일어서게 하고, 새로운 도전을 향해 나아갈 용기를 줍니다.

사랑은 아이를 자유롭게 합니다.

'과잉보호'와 '진정한 사랑'은 분명 다릅니다. 진정한 사랑은 아이를 울타리 안에 가두는 것이 아니라, 아이가 안전함을 느끼며 그 안에서 자유롭게 세상을 탐색하도록 돕는 힘입니다. 충분히 사랑받은 아이는 "엄마 아빠는 나를 믿어주실 거야"라는 건강한 생각을 가지게 됩니다. 이런 믿음은 아이가 스스로 세상 속으로 발을 내딛게 하고, 그 안에서 자신만의 길을 찾도록 이끌어줍니다. 결국 사랑은 통제하는 힘이 아니라, 아이의 가능성을 믿고 풀어주는 진정한 해방의 힘입니다.

지금, 당신의 사랑이 아이의 **평생** 자산입니다.

아이에게 부모의 사랑은 마치 공기와도 같습니다. 사랑이 가득할 때, 아이는 그 맑은 공기 속에서 마음껏 숨 쉬며 생명력을 얻고 건강하게 자라납니다. 아이의 무한한 잠재력은 '정서적 안정'이라는 비옥한 토양에서, 부모님의 사랑이라는 영양분을 먹고 비로소 싹을 틔웁니다. 그 안정감은 부모님이 항상 보내는 사소하지만, 따뜻한 관심, 다정한 눈빛, 포근한 포옹, 그리고 진심이 담긴 말 한 마디에서부터 자라납니다. 사랑받는 경험을 한 아이는 그 경험을 밑천 삼아 자신을 믿고, 타인을 존중하며, 자신의 삶을 주도적으로 설계해 나갈 수 있습니다. 지금, 이 순간, 당신이 아이에게 주고 있는 사랑이 아이의 평생을 지탱하는 가장 든든한 기둥이 되고 있음을 기억해 주세요.

1-3. 불안정한 관계는 아이를 움츠리게 합니다.
애착의 결핍이 만드는 마음의 그림자

부모님이 아이에게 "괜찮아, 너는 세상에서 가장 소중한 아이야", "엄마(아빠)는 언제나 네 곁을 지켜줄 거야"라고 진심으로 말해주고 있다면, 바로 그 순간부터 아이의 애착은 건강하게 다시 자라나고 있는 것입니다.

신학기 3월, 유치원 입학 초기에 새로운 환경 적응을 유난히 힘들어하는 아이들이 있습니다. 부모님과 헤어질 때마다 눈물바다를 만들고, 종일 불안한 모습으로 겉도는 아이들을 보면 교사로서, 또 부모로서 마음이 아플 때가 많습니다. 이러한 어려움의 뿌리에는 종종 '불안정 애착'이라는 마음의 그림자가 자리하고 있는 경우가 많습니다.

애착은 아이의 마음 가장 깊은 곳에서부터 자라나 세상을 향해 뻗어나가는 '마음의 뿌리'와도 같습니다. 이 뿌리가 불안정하게 형성되면, 겉으로는 큰 문제가 없어 보여도 아이는 내면에서 크고 작은 흔들림을 경험하며 다양한 어려움에 직면하게 됩니다.

안타깝게도 모든 아이가 부모와의 관계에서 늘 따뜻하고 안정적인 애착만을 경험하는 것은 아닙니다. 어떤 아이들은 관계 속에서 혼란, 불안, 혹은 두려움을 느끼며 '불안정 애착'을 형성하기도 합니다. 그렇다면 이 불안정한 마음의 뿌리는 아이의 삶에 어떤 그림자를 드리우게 될까요?

1. 정서 표현이 서툴고, 감정 조절이 어려워요.

불안정 애착을 가진 아이는 자신의 감정을 있는 그대로 느끼고 건강하게 표현하는 데 어려움을 겪는 경우가 많습니다. 기분이 상해도 그 감정을 말로 표현하기보다 갑자기 심하게 짜증을 내거나 울음을 터뜨리는 행동으로 나타나곤 합니다.

이는 어린 시절 자신의 감정을 표현했을 때 무시당하거나 거부당했던 경험이 쌓였을 가능성이 있습니다. "왜 또 울어?", "별것도 아닌 걸로 징징대지 마!" 같은 말을 자주 들으며 자란 아이는 자신도 모르게 '내 감정을 표현하는 것은 나쁜 것이구나'라고 학습하게 되고, 이는 결국 감정을 억누르거나, 피하거나, 혹은 반대로 감정을 주체하지 못하고 폭발시키는 모습으로 이어질 수 있습니다.

2. 또래 관계에서 갈등을 자주 겪어요.

아이의 첫 번째 관계 경험인 부모와의 애착 패턴은 이후 아이가 맺게 될 또래 관계, 즉 사회성 발달에도 직접적인 영향을 미칩니다. 불안정 애착을 지닌 아이는 다른 사람을 쉽게 믿지 못하거나, 반대로 누군가에게 지나치게 의존하는 모습을 보이기도 합니다.

친구들과 함께 놀때 "왜 내 말 안 들어줘!", "나랑만 놀아야 해!"와 같이 자기중심적이거나 과도한 반응을 보여 갈등을 일으키기도 합니다. 관계가 조금만 틀어져도 크게 상처받거나, 아예 처음부터 다른 사람과 가까워지는 것을 두려워하기도 하죠. 이러한 대인관계에서의 어려움은 결국 아이를 소외감이나 외로움으로 이끌고, 자존감을 떨어뜨리며, 관계 자체를 회피하게 만들 수 있습니다.

3. 세상을 배우는 집중력과 학습 의욕이 낮아질 수 있어요.

아이의 정서가 불안정하면 집중력, 주의력, 문제 해결 능력과 같은 인지 능력에도 부정적인 영향을 미칩니다. 불안정 애착을 가진 아이는 마음속 깊이 '심리적 안정감'을 느끼지 못하기 때문에, 뇌는 늘 생존과 안전을 확인하는 데 많은 에너지를 쓰게 됩니다. 그러다 보니 놀이에 몰입하거나 무언가를 배우는 데 필요한 에너지가 부족해지고, 쉽게 산만해지며 작은 실패에도 민감하게 반응하며 쉽게 위축됩니다. 애착은 아이의 정서적 안정뿐 아니라, 세상을 배우고 탐색하는 데 필요한 학습 의욕의 중요한 밑거름이 됩니다.

4. 자신을 가치 없게 여기고, 자존감이 흔들려요.

불안정 애착을 가진 아이는 자기 자신을 있는 그대로 사랑하고 받아들이는 데 어려움을 느낍니다. 늘 다른 사람의 인정과 사랑을 받기 위해 실제 자기 모습보다 더 잘해야 한다는 압박감을 느끼거나, 아주 작은 실수에도 자신을 심하게 나무라고 자책하는 모습을 보입니다.

교육 현장에서도 이런 아이들을 종종 만납니다. "무조건 내가 일등 해야 해!"라는 강박을 보이거나, 그림을 그리다 선이 조금만 삐뚤어져도 "다 망쳤어!"라며 울음을 터뜨리고 다음 활동을 이어가지 못하는 아이들이 있습니다. 자신에 대한 부정적인 생각과 불안은 결국 건강한 자존감 형성을 방해하며, 아이는 다른 사람의 평가에 지나치게 신경 쓰거나 반대로 모든 일에 무기력한 태도를 보이기도 합니다.

5. 분리불안이 오래 지속되거나, 독립이 어려워져요.

불안정 애착을 지닌 아이는 주 양육자와 헤어지는 상황을 유난히 힘들어하는 경우가 많습니다. 물론 영유아기의 분리불안은 자연스러운 발달 과정의 일부입니다. 하지만 불안정 애착을 가진 아이는 이 시기가 지나서도 일상적인 분리 상황에 대해 과도한 불안과 두려움을 보입니다.

또 어떤 경우에는, 겉으로는 분리 상황을 잘 받아들이는 것처럼 보이지만 실제로는 부모와 정서적인 거리를 두며 감정 교류를 피하려는 아이들도 있습니다. 이는 일종의 '회피형 애착'으로, 상처받지 않기 위해 스스로 감정을 차단하는 방어기제가 작동한 결과일 수 있습니다. 이처럼 불안정 애착은 아이의 건강한 독립심과 자율성 발달을 방해할 수 있습니다.

하지만 회복의 기회는 언제나 열려 있습니다.

이 모든 어려움에도 불구하고, 가장 중요한 메시지는 바로 '회복은 가능하다'라는 것입니다. 애착은 한번 형성되면 절대 변하지 않는 것이 아니라, 지속적인 상호작용을 통해 새롭게 만들어지고 더욱 깊어질 수 있는 '살아있는 관계'이기 때문입니다.

지금부터라도 아이에게 일관되고 따뜻한 반응을 보여주시고, 정서적인 지지와 신뢰를 줄 수 있는 안전한 환경을 제공한다면, 아이의 마음속 불안정한 뿌리는 다시금 깊고 단단하게 자라날 수 있습니다. 오늘, 부모님이 아이에게 "괜찮아, 너는 세상에서 가장 소중한 아이야", "엄마 아빠는 언제나 네 곁을 지켜줄 거야"라고 진심으로 말해주고 있다면, 바로 그 순간부터 아이의 마음에 드리웠던 그림자는 서서히 옅어지고 애착은 건강하게 다시 자라나고 있는 것입니다.

안정 애착에 도움이 되는 도서 목록			
번호	도서명	출판사	주제 키워드
1	보이지 않는 끈	북뱅크	연결, 사랑의 지속성
2	사랑해 꼭 안아줄 시간	북뱅크	심리적 애착, 사랑 표현
3	가만히 들어주었어.	북뱅크	공감, 정서적 지지
4	내가 태어났을 때	북뱅크	존재의 소중함, 환영
5	작고 하얀 펭귄	북뱅크	좋은 엄마, 안전감
6	아기토끼 하양이는 궁금해	비룡소	안전 기지, 탐색
7	엄마는 언제 날 사랑해?	토토북	변함없는 사랑, 확신
8	아빠, 더 읽어주세요	시공주니어	좋은 아빠, 함께하는 시간

1-4. 안정 애착, 모든 발달의 출발점
애착이 인지, 사회성, 자존감의 뿌리가 되는 이유

삶의 가장 중요한 세 개의 기둥이 세워집니다.

안정 애착은 '세상을 배우는 힘(인지 발달)'
'더불어 살아가는 지혜(사회성 발달)'
그리고 '나를 사랑하는 마음(건강한 자존감)'

우리는 앞선 이야기들을 통해 아이의 평생 행복을 좌우할 애착이 무엇이며, 언제, 어떻게 형성되는지를 함께 이야기 나누었습니다. 또한, 이 중요한 시기에 안정적인 애착을 형성하지 못했을 때 아이가 겪을 수 있는 어려움에 대해서도 살펴보았지요.

그렇다면 이제, 우리 아이의 마음 밭에 '안정 애착'이라는 튼튼한 뿌리가 깊이 내렸을 때, 과연 어떤 놀라운 성장의 선물들이 아이의 삶을 가득 채우게 되는지 함께 알아볼 차례입니다. 안정 애착이라는 단단한 토대 위에는 우리 아이의 평생을 든든하게 떠받쳐 줄 삶의 가장 중요한 세 개의 기둥이 세워집니다. 바로 '세상을 배우는 힘(인지 발달)', '더불어 살아가는 지혜(사회성 발달)', 그리고 '나를 사랑하는 마음(건강한 자존감)'입니다.

첫 번째 기둥: 세상을 배우는 힘, 인지 발달

안정 애착이 인지 발달의 튼튼한 뿌리가 되는 가장 큰 이유는 아이가 느끼는 심리적인 '안정감' 덕분입니다. 아이는 부모님이라는 든든한 '안전 기지(Secure Base)'가 항상 자신의 곁을 지켜준다는 깊은 확신이 있을 때, 비로소 생존에 대한 불안감을 내려놓고 세상을 향해 호기심 가득한 눈을 반짝이며 탐색을 시작할 수 있습니다. 아이의 뇌는 불안을 처리하는 데 쓰일 에너지를, 주변을 탐색하고 새로운 것을 배우는 데 온전히 집중하게 됩니다.

한번 상상해 보세요. 아이가 새로운 장난감을 만지거나 낯선 소리를 들었을 때, 엄마 아빠가 "괜찮아, 한번 만져봐도 돼" 하고 따뜻한 눈빛으로 격려해 주면, 아이는 안심하고 탐색 활동을 이어갑니다. 이 과정에서 아이는 사물의 다양한 속성, 원인과 결과의 관계 등을 스스로 깨치게 됩니다. 이처럼 부모님이라는 든든한 안전 기지에서 시작된 아이의 자유로운 탐험은 지혜의 나무를 무럭무럭 키우는 가장 비옥한 토양이 됩니다.

두 번째 기둥: 더불어 살아가는 지혜, 사회성 발달

부모님과의 안정 애착은 아이가 인생에서 경험하는 첫 번째 '관계'이며, 이 첫 경험은 아이가 앞으로 만나게 될 수많은 사람과 건강한 관계를 형성하는 데 매우 중요한 밑거름이 됩니다. 부모님으로부터 조건 없는 사랑과 따뜻한 공감을 충분히 받은 아이는 다른 사람의 감정을 이해하고 그 마음에 공감하는 능력을 자연스럽게 배우게 됩니다.

부모님의 따뜻하고, 예측할 수 있는 반응 속에서 아이는 '내적 작업 모델(Internal Working Model)', 즉 '다른 사람은 믿을 만하고, 관계는 안전하며 즐거운 것이구나' 하는 긍정적인 기대를 마음속에 형성합니다. 이러한 아이들은 또래 관계에서도 자신감을 가지고 먼저 다가가며, 친구들과 잘 협력하고 갈등 상황이 생겼을 때도 긍정적으로 해결하려는 경향을 보입니다. 결국, 부모님과의 안정 애착은 아이에게 '어떻게 사랑하고, 어떻게 사랑받으며, 어떻게 다른 사람들과 더불어 살아가는가'를 가르치는 가장 위대하고 근본적인 사회성 교육입니다.

세 번째 기둥: 나를 사랑하는 마음, 건강한 자존감

안정 애착이 아이에게 주는 가장 감동적인 선물 중 하나는 바로 아이의 마음속에 단단하게 자리 잡는 '건강한 자존감'입니다. 긍정적인 내적 작업 모델, 즉 '나는 사랑받을 가치가 있는 소중한 존재다'라는 깊은 확신이 바로 아이 자존감의 씨앗이 되고 뿌리가 됩니다.

아이의 작은 성공에도 눈을 맞추며 진심으로 함께 기뻐해 주는 부모님의 환한 미소, 아이가 실수했을 때도 다그치기보다는 따뜻한 격려와 믿음을 보내주는 부모님의 다정한 목소리 속에서 아이는 자신이 얼마나 귀하고 소중한 존재인지 스스로 느끼게 됩니다. 부모님이 자신을 있는 그대로의 모습으로 사랑하고 온전히 받아준다는 경험은 아이에게 '나는 괜찮은 사람이야.', '나는 무엇이든 해낼 수 있고, 시도해 볼 가치가 있어'라는 긍정적인 자기 인식을 심어줍니다. 이렇게 형성된 건강한 자존감은 실패 앞에서도 쉽게 좌절하지 않고 다시 도전할 수 있는 용기를 주며, 삶의 어떤 어려움 속에서도 흔들리지 않고 자신의 길을 꿋꿋하게 나아가게 하는 가장 강력한 내면의 힘이 됩니다.

[부모님이 가꾸는 애착의 토양: 안정 애착을 위한 5가지 사랑의 언어]

그렇다면 우리 아이의 마음속에 이토록 소중한 세 개의 기둥을 튼튼하게 세우기 위해, 부모님께서는 일상에서 구체적으로 어떻게 사랑을 표현하고 애착의 토양을 비옥하게 가꾸어줄 수 있을까요? 이것을 '안정 애착을 위한 5가지 사랑의 언어'라고 부르고 싶습니다.

1. 따뜻한 스킨십 - 뇌를 안정시키는 포옹의 힘

"피부는 밖으로 나온 뇌"라는 말이 있을 만큼 아이에게 따뜻한 신체적 접촉은 매우 중요합니다. 사랑이 담긴 포옹, 부드러운 쓰다듬기, 다정한 손길은 아이의 뇌에서 옥시토신과 같은 '행복 호르몬' 분비를 촉진하여 아이에게 심리적인 안정감을 주고 스트레스를 완화하는 효과가 있습니다.

2. 온전한 관심 - "너는 나에게 가장 소중해"

하루 단 10분이라도 좋습니다. 스마트폰이나 TV를 잠시 내려놓고 오직 아이에게만 온전히 집중하는 시간을 가져보세요. 아이와 눈을 맞추고, 아이의 이야기에 진심으로 귀 기울이며, 아이의 놀이에 함께 참여해 주는 것은 "너는 지금 나에게 세상에서 가장 중요하고 소중한 존재란다"라는 강력하고도 아름다운 메시지를 전달합니다.

3. 민감한 반응 - 마음을 읽어주는 소통

아이는 아직 자신의 감정이나 필요를 말로 온전히 표현하기 어렵습니다. 그래서 울음, 표정, 작은 몸짓 등 다양한 신호로 우리에게 이야기합니다. 아이가 보내는 이 작은 신호들을 놓치지 않고 "우리 하양이가 매우 속상했구나", "정말 신나는구나!" 하고 아이의 마음을 섬세하게 읽어주고 반응해 주세요.

4. 긍정의 언어 - 아이의 가능성에 물을 주는 말

아이를 향한 부모의 말 한마디는 아이의 자존감과 가능성에 물을 주는 것과 같습니다. 결과보다는 노력하는 과정을 구체적으로 칭찬해 주세요. "포기하지 않고 끝까지 노력하는 모습이 정말 멋지다!"는 것과 같은 긍정의 언어는 아이의 마음속에 '나는 괜찮은 사람'이라는 믿음을 심어주는 보약이 됩니다.

5. 든든한 안전 기지 - 세상을 향한 탐험을 응원하는 용기

진정한 사랑은 아이를 품 안에만 가두는 것이 아니라, 아이가 세상을 향해 용감하게 나아갈 수 있도록 격려하되, 언제든 힘들고 지칠 때 돌아와 편히 쉴 수 있는 든든한 피난처가 되어주는 것입니다. 부모라는 안전한 기지가 있다는 믿음 속에서 아이는 실패를 두려워하지 않게 됩니다. 우리 아이의 유아기는 평생을 좌우할 마음의 기초 공사를 하는 매우 중요한 시기입니다. 오늘 제가 말씀드린 이 다섯 가지 사랑의 언어를 통해 아이에게 보내는 따뜻한 눈빛 하나, 힘찬 포옹 한 번이 아이 마음속에 삶의 가장 중요한 세 기둥을 세우는 귀한 과정임을 꼭 기억해 주시면 좋겠습니다.

1-5. 아이의 눈빛과 몸짓을 읽는다는 것
민감한 반응이 아이의 마음을 열어줍니다.

부모님의 민감한 반응은 아이의 마음에 '나는 세상 누구보다 이해받고 사랑받는 소중한 존재'라는 깊은 확신을 심어주는 가장 강력하고도 아름다운 언어입니다.

말로 자신의 마음을 온전히 표현하기 어려운 유아기의 아이들에게 세상은 온통 새롭고, 때로는 감당하기 벅찬 곳일 수 있습니다. 기쁨, 슬픔, 불안, 호기심…. 이 모든 감정이 아이의 작은 가슴속에서 소용돌이치지만, 아이는 아직 이 복잡한 마음을 '단어'로 명확하게 정리하여 부모님께 전달하는 방법을 알지 못합니다.

하지만 아이는 말을 못 할 뿐, 쉼 없이 우리에게 이야기하고 있습니다. 부모님을 향하는 반짝이는 눈빛으로, 무언가에 집중하며 잔뜩 움츠린 어깨로, 원하는 것을 향해 뻗는 작은 손짓으로, 서운함에 살짝 삐죽 내민 입술로….아이는 이처럼 온몸으로 자신의 감정과 필요를 표현하고 있습니다.

앞서 부모님과의 안정 애착이 아이의 모든 발달에 튼튼한 뿌리가 된다고 말씀드렸습니다. 그렇다면 이토록 중요한 안정 애착은 과연 어떻게 만들어지는 걸까요? 그 시작은 바로 부모님의 '민감한 반응(Sensitive Responsiveness)'에 있습니다. 애착 이론의 대가인 메리 에인 스워스(Mary Ainsworth) 박사 역시 안정 애착을 형성하는 부모의 가장 중요한 특성으로 '아이의 신호에 민감하게 반응하는 능력'을 꼽았습니다.

'민감한 반응'이란, 아이가 보내는 다양한 신호들 예컨대, 울음소리, 표정, 몸짓, 눈빛 등을 부모가 잘 포착하고, 그 신호가 무엇을 의미하는지 정확하게 해석하려 노력하며, 아이의 필요에 즉각적이고 적절하게 반응해 주는 것을 의미합니다. 이것은 마치 아이의 마음에 부모님이라는 정교한 안테나가 항상 연결된 것과 같습니다.

예를 들어, 아이가 정성껏 쌓던 블록이 와르르 무너져 속상한 표정으로 풀이 죽어 있을 때, 부모님이 아이 옆에 가만히 앉아 "어이구, 열심히 만들었는데 무너져서 정말 속상하구나" 하고 아이의 마음을 먼저 읽어주고, 다시 시도할 수 있도록 조용히 용기를 북돋아 주는 것입니다. 이러한 순간순간의 민감한 반응 속에서 아이는 무엇을 배우고 경험하게 될까요?

첫째, 아이는 '나는 세상에 중요한 존재이며, 나의 감정과 필요는 존중받을 가치가 있다'라는 것을 배웁니다. 아이가 아무리 작고 사소해 보이는 신호를 보내더라도 부모님이 그것을 소중히 알아채고 반응해 줄 때, 아이는 자신이 세상에 '보이고', '들려지고', '이해받고' 있다는 깊은 만족감과 안정감을 느낍니다. 이것이야말로 아이가 자기 자신을 긍정적으로 인식하고 건강한 자존감을 형성하는 데 가장 근본적인 밑거름이 됩니다.

둘째, 아이는 자신의 다양한 감정을 이해하고 건강하게 표현하는 방법을 배웁니다. 아이가 불안하거나 속상할 때, 부모님이 아이의 눈빛과 몸짓을 세심하게 읽고 "매우 무서웠구나", "정말 속상했구나" 하고 아이의 감정에 부드럽게 '이름을 붙여' 주고, 그 감정을 판단 없이 안전하게 받아줄 때, 아이는 '아, 내가 지금 느끼는 이 복잡한 느낌이 바로 불안이구나' 하고 자신의 내면세계를 조금씩 이해하기 시작합니다.

셋째, 아이는 '세상은 안전하고 예측할 수 있는 곳이며, 내가 힘들 때 기꺼이 도움을 받을 수 있다'라는 깊은 신뢰를 형성합니다. 배가 고파 울면 엄마가 와서 따뜻하게 안아주고, 무서움을 느낄 때 아빠 품에 안기면 든든하게 지켜주는 일관된 경험 속에서 아이는 세상과 타인에 대한 기본적인 신뢰감을 마음속 깊이 쌓아갑니다. 이 신뢰감은 아이가 앞으로 세상을 향해 용감하게 나아가 탐험하는 데 필요한 용기의 근원이 됩니다.

넷째, 아이는 부모님과의 관계를 통해 따뜻한 소통의 즐거움을 배우고, 이는 인지 발달로 이어집니다. 부모님이 자신의 미세한 신호에도 반응해 줄 때, 아이는 '아, 내가 보내는 신호가 다른 사람에게 영향을 미치는구나!' 하고 느끼게 됩니다. 이것은 아이가 언어 발달을 포함한 모든 인지적 소통 능력을 키우는 데 매우 긍정적인 영향을 미칩니다.

물론 육아는 늘 어렵고, 부모님도 때로는 지치고 힘에 부칠 때가 있다는 것을 잘 압니다. 저 역시 외동아들을 키우며 정신없이 일하던 시절, 아이의 작은 신호들에 좀 더 귀 기울여주지 못했던 순간들이 아쉬움으로 남기도 합니다. 하지만 완벽한 부모가 되는 것보다 훨씬 더 중요한 것은 '내 아이를 이해하려고 노력하는 부모', '아이와 진심으로 연결되려고 애쓰는 부모'의 그 마음과 자세 그 자체입니다. 아이는 부모님의 완벽함이 아니라, 자신과 연결되고 싶어 하는 부모님의 따뜻한 그 마음을 느낄 때 가장 큰 행복과 안정감을 느끼기 때문입니다.

오늘부터라도 아이의 눈을 조금 더 오래 바라봐 주세요. 아이의 작은 옹알이나 짧은 단어 하나에도 귀 기울여주고, "아, 네 마음이 그렇구나", "그렇게 생각했구나" 하고 부드럽게 공감해 주세요. 부모님의 민감한 반응은 아이의 마음에 '나는 세상 누구보다 이해받고 사랑받는 소중한 존재'라는 깊은 확신을 심어주는 가장 강력하고도 아름다운 언어입니다.

이 확신 속에서 아이의 마음은 부모님께 활짝 열리고, 아이는 세상을 향해 힘차게 나아갈 용기를 얻으며, 자신을 믿고 사랑하는 건강한 사람으로 성장해 나갈 것입니다.

1-6. 믿음 안에서 자라는 사고력과 창의성
안전한 품이 자유로운 탐색으로 이어집니다.

아이가 부모님의 따뜻한 품 안에서 '나는 사랑받고 있고, 안전하다'라고 느낄 때, 비로소 세상을 향해 자유롭게 나아가 탐색하고, 그 과정에서 스스로 생각하는 힘과 새로운 것을 발견하는 창의성을 키울 수 있기 때문입니다.

아이의 사고력과 창의성은 과연 어디에서부터 시작될까요? 그 출발점이 바로 부모님과의 안정적인 애착 관계에서 비롯된 '심리적 안정감', 즉 아이를 향한 부모의 깊은 믿음에 있다고 확신합니다. 아이가 부모님의 따뜻한 품 안에서 '나는 사랑받고 있고, 안전하다'라고 느낄 때, 비로소 세상을 향해 자유롭게 나아가 탐색하고, 그 과정에서 스스로 생각하는 힘과 새로운 것을 발견하는 창의성을 키울 수 있기 때문입니다.

유치원에서 '좋은 그림책 부모 모임'을 진행할 때마다 부모님들께 꼭 소개해 드리는 유명한 심리학 실험이 있습니다. 바로 해리 할로(Harry Harlow) 박사의 '헝겊 원숭이, 철사 원숭이 실험'입니다. 이 실험은 애착의 진정한 의미가 무엇인지를 아주 명확하게 보여줍니다. 어린 원숭이들에게 두 종류의 대리 어미를 제공했습니다. 하나는 우유가 나오는 젖병이 달렸지만, 차가운 철사로 만들어진 '철사 어미'였고, 다른 하나는 우유는 나오지 않지만 부드러운

천으로 감싸인 '헝겊 어미'였습니다. 실험 결과, 어린 원숭이들은 배가 고플 때만 철사 어미에게 다가갔을 뿐 대부분 시간을 부드러운 헝겊 어미에게 꼭 매달려 안정을 찾았습니다.

이 실험은 우리에게 중요한 사실을 알려줍니다. 아이에게 필요한 것은 단순히 생존을 위한 먹이나 물질적 풍요를 넘어선, 마음을 어루만지는 따뜻한 접촉과 정서적 안정감이라는 것을요. 이 따뜻함과 안정감이 바로 아이가 세상을 믿고 용감하게 탐색할 수 있는 내면의 힘을 키우는 밑거름이 됩니다. 실제로 헝겊 어미에게서 안정감을 느낀 원숭이들은 주변의 새로운 장난감에도 호기심을 보이며 다가갔지만, 철사 어미 곁에만 있던 원숭이들은 불안한 듯 구석에만 움츠려 있었습니다.

'안전 기지'의 중요성은 그림책 『아기 토끼 하양이는 궁금해』(케빈 헹크스 글/그림)에서도 잘 나타납니다. 이 책의 주인공 하양이는 세상 모든 것이 궁금한 호기심쟁이입니다. '내 몸이 초록색이면 어떨까?' 끝없이 상상의 나래를 펼치죠. 그러다 갑자기 사나운 고양이가 나타나자, 하양이는 너무 무서워서 그 많던 궁금증이 한순간에 싹 사라지고 맙니다.

다행히 엄마 품으로 돌아온 하양이는 다시 안정을 되찾고 궁금증을 이어가지만, 단 한 가지, 세상에서 누가 자기를 가장 사랑하는지는 전혀 궁금해하지 않습니다. 엄마의 사랑을 이미 너무나 잘 알고 있기 때문이죠.

이 그림책은 우리에게 중요한 메시지를 전달합니다. 부모라는 든든한 '안전 기지(Secure Base)'가 있을 때 아이는 자유롭게 상상하고 생각을 확장해 나갈 수 있지만, 두려움을 느끼거나 안전 기지가 없다고 느끼면 생각의 날개가 꺾여버린다는 것입니다. 특히 아이를 훈육할 때, 부모가 자신의 감정을 다스리지 못하고 아이에게 공포심을 주는 분위기를 조성하면, 무섭고 두려운 감정은 아이의 뇌가 생각하는 기능을 잠시 멈추게 만듭니다.

이처럼 심리적 안전감을 느낀 아이는 "혹시 틀리면 어떡하지?" 하는 불안감을 넘어 "그래, 한번 해보자!" 하고 스스로 용감하게 시도할 수 있게 됩니다. 이러한 아이의 자발적인 탐색은 부모나 교사로부터 "괜찮아, 네 생각대로 한번 해봐"와 같은 믿음의 메시지를 충분히 받을 때 비로소 자연스럽게 시작될 수 있습니다.

창의적인 아이는 틀리는 것을 두려워하지 않습니다. 오히려 "다르게 생각해도 돼"라는 허용적인 분위기 속에서 기존의 틀을 넘어서는 유연한 사고를 하게 됩니다. 예를 들어, 자동차를 그리는 시간에 한 아이가 타원형 바퀴를 그렸다고 가정해 봅시다. 만약 교사가 "자동차 바퀴는 동그랗지 않니?"라고 지적한다면, 아이는 다음부터 자신의 독특한 생각을 표현하길 주저할 수 있습니다. 하지만 "와, 정말 멋진 타원형 바퀴네! 이 자동차는 어떻게 움직일까?"라고 호기심 어린 반응을 보여준다면, 아이는 자기 생각을 더욱 확장하며 창의적인 탐색으로 나아갈 수 있습니다.

하지만 때로 부모의 깊은 사랑이 오히려 아이의 자발성을 막아서는 일도 있습니다. 하루는 한 부모님께서 제게 "원장님, 우리 아이는 창의성이 없는 것 같아요. 시키지 않으면 스스로는 아무것도 하려 하지 않아요." 하고 고민을 털어놓으셨습니다. 그 말씀 뒤에는 혹시 아이가 실패하지 않을까 하는 부모님의 깊은 염려와 보호 본능이 숨어있었습니다. 아이에게는 어쩌면 스스로 무언가를 탐색해 볼 시간이, 자신만의 속도로 생각해 볼 기회가 부족했을지도 모릅니다.

우리 유치원에도 그림을 그리다 줄이 조금만 삐뚤어져도 속상해서 울음을 터뜨리고 다음 활동을 하지 않으려는 아이가 있었습니다. 선생님이 아무리 "괜찮다"라고 이야기해 주어도 아이는 쉽게 마음을 풀지 못했죠. 하지만 부모님과 꾸준히 대화하며 아이를 믿고 기다려 주는 양육 태도의 중요성을 함께 고민한 결과, 아이는 점차 자신의 실수를 너그럽게 받아들이고 다시 도전하는 모습을 보여주었습니다. 아이들은 자기를 진심으로 믿어주는 어른 앞에서만 자신의 진짜 모습을 편안하게 드러내고, 그 모습 속에는 우리가 미처 발견하지 못한 깊고 넓었을 가능성이 숨겨져 있습니다.

　유아기는 정해진 '틀'에 갇히기보다 '열린 사고'가 자연스럽게 샘솟는 시기입니다. 이 소중한 시기에 아이의 질문을 멈추게 하지 마세요. 어설픈 정답을 바로 알려주려 애쓰기보다, "정말 그렇네! 너는 어떻게 생각해?" 하고 아이에게 되물어주세요. 아이가 스스로 생각할 수 있는 시간을 충분히 주는 것이 중요합니다. 바로 그때 아이의 두뇌는 가장 활발하게 움직이고, 생각은 더욱 깊어지며, 창의성은 가장 밝게 빛을 발합니다.

　아이의 창의성은 화려한 교구나 특별한 영재 교육 프로그램에서만 자라는 것이 아닙니다. 그보다 훨씬 더 강력한 창의성의 자양분은 바로, 이 아이를 있는 그대로 믿어주는 부모의 따뜻한 시선과 너그러운 품입니다.

　아이가 그림을 조금 엉뚱하게 그렸을 때도, 때로는 말도 안 되는 질문을 했을 때도, 그 모든 순간에 "우리 아이는 지금도 멋지게 성장하는 중이야"라는 마음으로 아이를 바라봐 주세요. 그 믿음 속에서 아이는 진정한 자유를 느끼고, 그 자유로움 속에서 자신만의 세상을 발명해 나갈 것입니다.

1-7. 관계의 힘이 이끄는 자기 조절력
'감정 다루기, 시작은 부모님과의 관계입니다.'

'회복탄력성'을 갖춘, 내면이 단단한 아이로 성장하기를 바라신다면, 아이가 살아가면서 마주하게 될 다양한 감정들을 직접 경험하고 그것을 건강하게 극복해 나가는 힘을 길러주는 것이 무엇보다 중요합니다.

    우리 아이가 자라면서 때로는 예측 불가능한 감정의 파도에 휩쓸리는 모습을 보며 당혹감을 느끼실 때가 있을 겁니다. 원하는 것을 얻지 못해 바닥에 드러누워 울음을 터뜨리거나, 친구와 장난감 하나 때문에 격렬하게 다투는 아이의 모습 앞에서 '우리 아이가 대체 왜 이러는 걸까?', '이럴 땐 어떻게 해야 할까?' 하고 막막함과 걱정에 휩싸이기도 하실 거예요.
    이러한 행동들은 아이가 아직 자신의 강렬한 감정을 스스로 다스리고 적절하게 표현하는 방법을 배우는 과정에 있다는 분명한 신호입니다. '자기 조절력'이란 쉽게 말해, 자신의 감정, 생각, 행동을 상황에 맞게 조절하고 관리하는 능력입니다. 특히 유아기 아이들에게 자기 조절력은 화가 치밀어 오를 때 바로 폭발하지 않고 스스로 진정하는 법, 속상함을 느낄 때 적절한 방식으로 위안을 찾는 법, 충동적인 행동을 참고 기다리는 법 등 '감정 조절' 능력과 아주 깊이 연결되어 나타납니다.

많은 부모님이 자기 조절력을 '아이가 스스로 터득해야 하는 것' 또는 '그저 떼쓰지 않고 어른 말을 잘 듣는 것' 정도로 생각하시기도 합니다. 하지만 그 능력의 씨앗은 놀랍게도 '아이 혼자'가 아니라 '부모님과의 관계' 속에서 처음 싹튼다는 사실입니다.

아이의 자기 조절력, 특히 감정을 다루는 능력은 부모님과 따뜻하고 안정적인 상호작용을 통해 아이가 배우고 자신의 것으로 만들어가는 매우 중요한 기술이기 때문입니다.

그렇다면 부모님과의 관계가 어떻게 아이의 자기 조절력을 끌어낼 수 있을까요? 우리는 러시아의 위대한 심리학자 레프 비고츠키(Lev Vygotsky)의 이론에서 그 해답의 실마리를 찾을 수 있습니다.

비고츠키는 아이들이 혼자 힘으로는 해결하기 어려운 문제나 도전에 직면했을 때, 주변의 더 경험이 많고 유능한 사람(주로 부모님이나 교사)과의 상호작용을 통해 그 해결 방법을 배우고 자기 능력으로 내면화한다고 보았습니다.

어린아이는 혼자서는 감정의 거친 폭풍우 속에서 방향을 잃고 헤매기 쉽습니다. 분노, 좌절감, 두려움과 같은 강렬한 감정이 한꺼번에 밀려올 때 아이는 그 감정에 압도되어 어찌할 바를 모릅니다. 바로 이때, 부모님이 아이의 잠재적 성장 영역 안으로 따뜻하게 들어가, 아이가 혼자서는 해내기 어려운 감정 조절을 '함께' 해주는 역할을 합니다.

심리학에서는 이 과정을 '공동 조절(Co-regulation)'이라고 부릅니다.

부모님의 '공동 조절'은 아이의 감정을 마치 건물을 지을 때 사용하는 임시 지지대처럼 '스캐폴딩(Scaffolding)' 해주는 과정입니다. 아이가 스스로 감정을 조절하는 능력을 갖출 때까지 부모님이 아이 곁에서 정서적, 행동적 지지와 안내를 제공하는 것이죠.

아이가 감당하기 어려운 감정에 휩싸여 울며 떼를 쓸 때, 부모님이 먼저 차분하고 따뜻한 목소리로 "우리 하양이가 매우 속상했구나", "이게 마음대로 안 돼서 정말 화가 났구나" 하고 아이의 격한 감정을 부드럽게 읽어줍니다. 아이가 분노나 좌절감으로 어쩔 줄 몰라 몸부림칠 때, 아이를 따뜻하게 안아주거나 등을 부드럽게 쓰다듬어 주며 부모님의 안정감을 잠시 '빌려주는' 것입니다. 그런 다음 "우리 같이 심호흡 한번 해볼까?" 혹은 "화나는 마음을 종이에 마음껏 그려볼까?" 하고 감정을 건강하게 해소할 방법을 부드럽게 제안해 줄 수 있습니다.

이 모든 '공동 조절'의 과정에서 아이는 단순히 '착하게 행동하는 법'을 배우는 것이 아닙니다. 아이는 부모님과 깊은 관계 속에서 '내가 힘들 때 나를 도와주는 든든한 사람이 내 곁에 있다.', '나의 격한 감정은 위험하거나 나쁜 것이 아니며, 얼마든지 다룰 수 있는 것이다'라는 강력하고도 긍정적인 메시지를 온몸으로 전달받는 것입니다.

'내 아이 중심'을 넘어 '함께 성장하는' 지혜가 필요합니다.

'회복탄력성'을 갖춘, 내면이 단단한 아이로 성장하기를 바라신다면, 아이가 살아가면서 마주하게 될 다양한 감정들을 직접 경험하고 그것을 건강하게 극복해 나가는 힘을 길러주는 것이 무엇보다 중요합니다.

"우리 아이는 오직 꽃길만 걷게 하고 싶어요"라는 부모님의 간절한 바람이 오히려 아이가 스스로 어려움을 헤쳐 나갈 자양분을 쌓고 진정으로 성장할 기회를 빼앗는 것은 아닐까요?

특히 친구와의 갈등 상황에서, 내 아이의 속상한 감정에만 집중하기보다 아이들이 스스로 문제를 해결하고 관계를 회복할 수 있도록 한 걸음 물러서서 믿고 기다려 주는 부모님의 지혜가 정말 필요하다는 것을 교육 현장에서 절실하게 느낍니다.

비고츠키의 이론처럼, 아이는 부모님이라는 더 성숙하고 유능한 존재와의 관계 속에서 감정 조절이라는 복잡하고도 중요한 삶의 기술을 배우고 자신의 것으로 만듭니다. 이렇게 내면화된 자기 조절력은, 아이가 앞으로 마주할 수많은 스트레스 속에서도 자신의 감정을 건강하게 다루고, 실패 앞에서도 다시 일어설 수 있는 회복탄력성을 발휘하며, 더 나아가 다른 사람들과 깊고 건강한 관계를 맺는 데 필요한 가장 강력한 내면의 힘이 되어줄 것입니다.

부모님의 사랑과 지혜가 담긴 '관계의 힘'이야말로 우리 아이의 자기 조절력이라는 귀한 능력을 끌어내는 가장 강력한 원동력임을 꼭 기억해 주십시오. 그 힘은 아이의 삶을 더욱 단단하고 행복하게 만들어줄 것입니다.

1-8. 아이의 잠재력은 '지금' 피어납니다.
 "유아기는 능력을 기다리는 시기가 아니라,
  마음껏 펼치는 시기입니다."

아이의 잠재력이란 특정 기술이나 지식을 얼마나 빨리 습득하느냐 하는 눈에 보이는 능력만을 의미하는 것이 아닙니다. 그보다는 어려움에 맞서는 끈기(결의), 새로운 것에 도전하는 용기(주도력), 다른 사람과 조화롭게 관계 맺는 지혜(친화력), 그리고 자신의 감정과 행동을 조절하는 힘(자제력)과 같은 '성장 잠재력', 즉 내면의 힘을 포함한다는 것입니다.

 부모님 마음속에는 우리 아이가 가진 무한한 잠재력에 대한 기대와 설렘이 늘 가득할 겁니다. '우리 아이는 앞으로 무엇을 잘하게 될까?', '어떤 분야에서 반짝반짝 빛을 발하게 될까?' 이런 즐거운 상상을 하며 아이 내면에 숨겨진 특별한 씨앗이 언젠가 멋진 열매를 맺기를 기다리게 되지요. 우리는 종종 아이의 잠재력을 먼

미래의 어느 날 갑자기 '발견'되거나 '짠!'하고 드러나는 특별한 무엇이라고 생각하는 경향이 있습니다.

하지만 아이의 잠재력은 그렇게 막연히 기다림의 대상이 아닙니다. 오히려 지금, 이 순간, 부모님의 따뜻한 관심과 사랑 속에서 매일 새롭게 피어나는 아름다운 꽃과 같습니다. 유아기는 아이의 능력이 그저 숨겨져 있는 시기가 아니라, 그 무한한 잠재력을 세상에 마음껏 '펼쳐 보이는' 매우 역동적이고 소중한 시간입니다.

시간 관리 교육 강의를 들으며 제 교육 철학에 깊은 영감을 준 잊을 수 없는 책 한 권을 소개받았습니다. 바로 『히든 포텐셜(Hidden Potential)』이라는 책이었습니다. 특히 제 마음을 사로잡았던 것은 유아교육 전문가가 아닌, 하버드대학교 경제학과 교수인 라지 체티(Raj Chetty)의 연구에 관한 내용이었습니다. 그의 연구는 아이들의 장기적인 성공과 행복에 영향을 미치는 요인들을 분석했는데, 우리가 흔히 생각하는 '타고난 재능'이 성공의 전부는 아니며, 오히려 어린 시절 어떤 환경에서 자라고 어떤 기회를 얻는지가 아이의 미래에 훨씬 더 중요하다는 놀라운 사실을 밝혀냈습니다.

특히 유치원과 같은 초기 교육기관에서 아이들이 경험하고 배우는 '품성 역량(Character Strengths)'이 아이의 미래에 깊이 연결된다는 연구 결과는 제게 큰 울림을 주었습니다. 그가 언급한 주요 품성 역량은 다음과 같습니다.

주도력:
스스로 질문하고 답을 찾으려 하며, 적극적으로 배우려는 자발적인 태도
친화력:
또래 친구들과 잘 어울리고 협력하며 긍정적인 관계를 맺는 능력

자제력:
자신의 감정과 충동을 조절하고, 활동 규칙을 이해하고 지키려는 노력
결의(끈기):
어려운 문제에 직면했을 때 쉽게 포기하지 않고 꾸준히 노력하는 의지

라지 체티 교수님의 연구가 우리에게 던지는 메시지는 분명합니다. 아이의 진짜 잠재력이란 특정 기술이나 지식을 얼마나 빨리 습득하느냐 하는 눈에 보이는 능력만을 의미하는 것이 아니라는 것입니다. 그보다는 어려움에 맞서는 끈기, 새로운 것에 도전하는 용기, 다른 사람과 조화롭게 관계 맺는 지혜, 그리고 자신의 감정과 행동을 조절하는 힘과 같은 '성장 잠재력', 즉 내면의 힘을 포함합니다.

좋은 유치원 교사에게 이러한 품성 역량을 잘 배운 아이들은 성인이 되었을 때 성공할 가능성이 더 크다는 연구 결과는, 유아기 교육의 중요성을 다시 한번 생각하게 합니다. 이 책을 우리 교사에게 소개하고 나눔의 시간은 가져보았는데 유치원 교사의 사명과 중요성에 대해 다시 성찰하는 시간이 되었고 모든 부모님께도 꼭 추천해 드리고 싶은 책입니다.

그렇다면 이러한 성장 잠재력의 싹은 어디에서 발견할 수 있을까요? 바로 아이들의 평범한 일상과 놀이 속에 그 모든 것이 숨겨져 있습니다.

아이가 눈을 반짝이며 블록 쌓기에서 몇 시간이고 몰두할 때, 우리는 그 속에서 미래 건축가의 재능뿐만 아니라, 복잡한 문제를 해결하려는 사고력의 잠재력을 봅니다. 친구들과 신나게 어울려 놀면서 때로는 웃고 때로는 다툴 때, 그 모습에서 우리는 건강한 리

더십의 싹과 다른 사람의 마음을 헤아리는 공감 능력의 시작을 발견합니다. 아이가 도화지 가득 그림을 그리며 한없이 행복해할 때, 그것은 뛰어난 예술가의 기질을 넘어 자신의 복잡한 감정을 창의적으로 표현하는 특별한 능력의 발현입니다.

이 모든 유아기의 자연스러운 활동들이 바로 아이의 잠재력이 자신을 세상에 드러내고 힘껏 펼쳐 보이는 과정입니다. 이때 부모님의 역할은 아이의 손을 잡고 정해진 길로 서둘러 이끄는 것이 아니라, 아이가 스스로 세상을 탐험하고 배우며 자신만의 흥미와 강점을 발견할 수 있도록 안전하고 풍요로운 환경을 마련해주고 든든하게 지지해 주는 것입니다.

우리 아이의 잠재력을 활짝 펼쳐주며 '성장의 능력'을 키워주려면 어떻게 해야 할까요?

아이의 호기심 어린 눈빛에 응답해 주세요.
아이의 작은 질문 하나에도 진심으로 귀 기울여주고, 함께 책을 찾아보거나 직접 경험하며 답을 찾아갈 수 있도록 도와주세요. 부모님의 따뜻한 반응은 아이의 호기심이라는 잠재력에 불을 지피는 소중한 스파크가 됩니다.

다양한 경험의 문을 활짝 열어주세요.
자연 속에서 마음껏 뛰어놀고 흙을 만지는 경험, 다양한 재료로 자유롭게 미술 놀이하는 경험, 신나게 몸을 움직이는 활동 등 일상 속의 풍부하고 다양한 경험들이 아이 내면에 숨겨진 여러 빛깔의 잠재력을 깨우는 마법의 열쇠가 됩니다.

결과보다는 과정을 칭찬하고 격려해 주세요

블록이 자꾸만 무너져도 포기하지 않고 다시 쌓아 올리려는 노력, 그림이 조금 서툴러도 자신만의 생각을 용기 있게 표현하는 모습….. 이러한 과정에서 아이는 어려움에 쉽게 굴하지 않는 끈기, 즉 '회복탄력성'이라는 매우 중요한 성장 잠재력을 배우게 됩니다.

아이의 마음을 읽어주는 따뜻한 대화를 나누세요: "우리 하양이가 그래서 정말 속상했구나", "와, 그 일을 해내서 정말 기뻤겠다!" 하고 아이의 마음을 따뜻하게 읽어주는 공감의 대화는 아이가 자신의 감정을 더 잘 이해하고 건강하게 조절하는 능력, 즉 '정서지능'이라는 중요한 잠재력을 키우는 데 결정적인 역할을 합니다.

우리 아이의 잠재력을 너무 멀리서 찾거나 애써 만들어내려고 하기보다, 바로 지금, 이 순간을 주목해 주세요. 아이의 잠재력은 부모님과 따뜻한 눈 맞춤 속에서, 함께 나누는 즐거운 웃음 속에서, 세상을 향해 내딛는 용감한 첫걸음 속에서, 그리고 새로운 것을 배우며 호기심으로 반짝이는 아이의 그 아름다운 눈빛 속에서 매일매일 새롭게 피어나고 있습니다.

그리고 이 모든 잠재력 발현의 가장 근본적인 토대는 바로 이 1장에서 계속 강조해 온 '안정적인 애착'입니다.

부모님과의 안정된 애착 관계 속에서 아이가 세상에 대한 깊은 신뢰와 자신에 대한 긍정적인 믿음을 가질 때, 비로소 아이는 새로운 것을 배우고 도전하며 자신의 무한한 가능성을 펼쳐나갈 준비를 마치는 것입니다.

제 아이가 대학을 졸업한 지금, 돌이켜보면 저 역시 제 아이의 유아기에 이런 부분들에 대해 더 깊이 인지하고 충분히 실천하지 못했던 점들에 대해 아쉬움과 후회가 남습니다.

하지만, 이 글을 읽는 우리 부모님들께서는 지금 바로 사랑을 표현하고 아이의 가능성을 믿고 실천하는 현명한 부모님이 되시기를 진심으로 바랍니다. 우리 아이의 눈부신 성장은 과거도, 먼 미래도 아닌 바로 '지금, 여기'에서 시작됩니다.

4세 우리 가족 텔라그라피 (긍정의 언어)

2장.
세상을 바라보는 눈:
관찰에서 시작되는 배움

2-1. 아이는 '보다'에서 시작하여 '느낀다'로 나아갑니다.
관찰은 창조의 시작이다. 모든 지식은 관찰에서부터 시작된다.
-『생각의 탄생』책 중에서

2장에서 교육과정 실행 적용 사례 소개 시 '교육의 정신 및 언어' 등도 개발자이신 강아지똥 그림 연구소 '똥 샘 프로젝트' 프로그램에서 발췌했습니다. 대표 변순정 소장님께 감사드립니다.

봄꽃 벽지관찰 활동 및
'느긋하게 소풍 그림일기' 관찰 활동

창의적 사고를 키우는 '보는 눈' 교육활동 이야기

관찰의 반복적인 경험은 좋은 습관을 만들고, 이러한 경험의 축적은 창의적 사고와 혁신을 일으키는 원동력이 됩니다. 유아기의 그림은 아이의 생생한 관찰의 증거이자, 살아있는 생각의 흔적이며, 그 자체로 소중한 언어입니다.

"우리 아이의 진짜 배움은 어디에서 시작될까요?"

오랜 시간 유아교육 현장에서 아이들과 함께하며 이 질문에 대한 저만의 답을 찾아왔습니다. 그것은 바로 아이들의 '보는 눈'을 통해 스스로 생각하는 힘을 길러주는 것, 그리고 '1그램의 경험이 1톤의 지식보다 낫다'라는 존 듀이의 말처럼 아이들이 직접 몸으로 부딪치며 세상을 배우도록 돕는 것입니다.

우리가 흔히 '눈썰미가 좋다'고 말하는 사람들이 있습니다. 감각이 뛰어나고 상황 판단이 빠르며, 사물의 핵심을 꿰뚫어 보는 사람들을 일컫는 말이지요. 이 '보는 눈'이야말로 세상을 살아가는 데 필요한 지혜의 시작이며, 유아기는 이 소중한 능력을 키워줄 수 있는 결정적인 시기입니다.

우리 유치원에서는 아이들의 '보는 눈' 관찰과 창의적 사고를 키우기 위해 두 가지 특별한 프로그램을 꾸준히 실천하고 있습니다. 하나는 자연과 일상에서 세상을 찬찬히 관찰하고 표현하는 부자들의 메모 습관 '느긋하게 소풍 읽기' 활동이고, 다른 하나는 관찰을 통해 얻은 영감을 차곡차곡 모으는 '아이디어 저금통' 활동입니다.

'느긋하게 소풍 그림일기' 스케치북 앞면에는 이런 글이 쓰여 있습니다. "유아기의 그림은 언어입니다. 여기에 담긴 것들은 사랑스러운 우리 아이들이 세상을 느긋하게 바라보고, 그 생각을 자유롭게 그린 것입니다. 이 그림일기를 보는 어른들은 자신의 잣대로 평가하지 않고 '긍정의 눈', '칭찬하는 눈', '격려하는 눈'으로 보아 우리 친구들이 자신감 있게 표현하도록 도와줍니다." 이 활동의 정신은 빌 게이츠나 스티브 잡스처럼 위대한 혁신가들이 아이디어가 떠오를 때마다 메모했던 습관에서 영감을 얻었습니다. 아이들이 사물을 자세히 보고, 그 생각을 그림이라는 메모로 남기는 습관을 길러주는 것이죠.

봄이 오면 아이들은 저마다 작은 모종삽을 들고 유치원 텃밭의 흙을 고릅니다. 씨앗이 잘 자랄 환경을 직접 만들며 흙냄새를 맡고 흙의 감촉을 느끼지요. 작은 씨앗에서 새싹이 움트고, 꽃이 피어나며, 마침내 열매를 맺기까지의 전 과정을 아이들은 이 '느긋하게 소풍 읽기' 스케치북에 지속해서 관찰하고 기록합니다. 이렇게 사물을 자세히 보고 자신만의 방식으로 표현하는 활동을 꾸준히 이어가다 보니, 아이들의 '보는 눈'과 표현력은 해마다 놀랍도록 성장하는 것을 목격합니다.

이러한 관찰과 표현의 과정은 우리 뇌가 정보를 처리하는 방식과도 깊이 연결됩니다. 아이가 무언가를 눈으로 자세히 보고(입력), 머릿속에서 기존의 경험과 연결하여 정리하고(분류), 그림이나 글로 표현하는(출력) 전 과정이 바로 뇌를 활발하게 움직이게 하는 최고의 훈련인 셈입니다. 흥미롭게도 이 과정은 다른 사람의 마음을 이해하고 공감하는 능력과도 맞닿아 있습니다. 대상을 깊이 관찰하고 그 의미를 생각하여 표현하는 과정 자체가 이미 공감의 시작이기 때문입니다.

아이들이 자연 속에서 관찰한 것을 자신만의 시각으로 해석하고 그림으로 그려내는 능력은 볼 때마다 놀랍고 경이롭습니다. 그 어떤 예술 작품과도 비교할 수 없을 만큼 순수하고 아름다운 창의성이 아이들의 작품 속에 빛나고 있죠.

아이들의 작품을 마주할 때면, "모든 어린이는 예술가, 철학자, 과학자이다."라고 말했던 피아제의 이야기가 떠오르며 깊이 감동하곤 합니다.

결국 피아제, 비고츠키, 레지오 에밀리아 접근법 등 여러 학자의 이론은 모두 같은 이야기를 하고 있습니다. 아이는 스스로 보고, 그것을 온몸으로 느끼고, 다른 사람과의 관계 속에서 그 의미를 나누며, 다양한 방식으로 표현하면서 배운다는 것입니다.

우리 어른들이 해야 할 일은 아이의 그 소중한 관찰을 존중하고, 아이만의 속도를 기다려 주며, 아이와 함께 같은 곳을 따뜻한 시선으로 바라봐 주는 것입니다. 아이가 지금 세상을 '어떻게 보고 있는가?'를 이해하려 노력할 때, 비로소 우리는 아이의 배움을 '어떻게 도와야 하는가?'에 대한 지혜도 함께 얻게 될 것입니다.

3세 반 식물, 꽃 관찰 활동

2-2. 관찰은 호기심을 키우는 씨앗입니다.

우리 아이가 가진 무한한 잠재력은 바로 작은 호기심이라는 씨앗에서부터 시작되어, 마침내 '배움'이라는 아름다운 꽃을 활짝 피우고 풍성한 열매를 맺게 될 것입니다.

4, 5세 느긋하게 소풍 그림일기 관찰 활동

"이게 뭐예요?", "왜 그런 거예요?", "어떻게 이렇게 된 거예요?"

하루에도 수십 번씩 쏟아지는 아이들의 질문 세례는 바로 아이 마음속 '호기심 엔진'이 힘차게 돌아가고 있다는 가장 확실한 증거입니다. 아이는 왜 그토록 많은 것을 알고 싶어 할까요? 무엇이 아이를 끊임없이 주변을 탐색하고 질문하게 만드는 걸까요? 그 모든 것의 시작은 바로 아이의 '관찰'에서 비롯됩니다.

아직 세상을 온전히 이해하지 못하는 아이들에게는 세상 모든 것이 신기하고 새로운 탐구 대상입니다. 아이는 주변의 사물과 현상을 자세히 관찰하는 과정에서 '어? 저건 왜 저렇게 생겼지?'와 같은 아주 사소하지만 소중한 '작은 의문'들을 마음속에 품게 됩니다. 그리고 바로 이 '작은 의문'이야말로 아이의 호기심을 싹틔우는 씨앗이 됩니다.

관찰을 통해 한번 발동이 걸린 호기심은 아이를 더욱더 적극적이고 능동적인 배움의 세계로 이끌어갑니다. 아이들의 이러한 '보는 눈'을 키우고 관찰을 통해 창의적인 배움을 끌어내기 위해, 우리 유치원에서 여러 가지 체험 중심의 관찰 활동을 꾸준히 실천해 왔습니다.

하나, 살아있는 자연 관찰: 텃밭 가꾸기와 올챙이 키우기

매년 봄이 되면, 유치원 텃밭은 아이들의 작은 실험실이자 배움터가 됩니다. 아이들은 직접 각종 채소와 꽃모종을 심고 매일 변화하는 모습을 관찰하며 "선생님, 어제보다 키가 더 큰 것 같아요!" 하며 작은 발견을 재잘재잘 이야기합니다. 5월이 되어 상추가 자라면, 아이들은 자신이 직접 심고 가꾼 채소를 수확하는 기쁨을 맛봅니다. 함께 상추를 따서 씻어보고, 유기농 먹거리와 함께 마당에서 작은 바비큐 파티를 하는 시간은 아이들에게 잊지 못할 추억과

함께 자연에 감사하는 마음을 선물합니다.

　자연 학교로 견학 가서 연못의 올챙이들을 관찰 후 유치원으로 데려왔어요. 아이들은 올챙이가 개구리가 되기까지의 전 과정을 매일 같이 관찰했습니다. 아침에 등원하면 올챙이에게 "잘 잤니?" 하고 인사를 건네고, 올챙이 노래를 불러주기도 했죠. 작은 생명의 변화에 대한 아이들의 호기심은 하루가 다르게 커졌고, 마침내 개구리가 되면 다 함께 상암산 숲 체험장으로 가 자연의 품으로 돌려보내 주며 생명의 순환을 마무리한답니다.

　둘, 색깔 잎 찾기 관찰 활동: 관찰에서 표현, 그리고 공감으로

　아이들의 관찰력을 자극하고 표현력과 사회성까지 길러주는 특별한 관찰 수업 활동도 있습니다. 바로 '두 가지 이상 색깔이 섞인 식물 잎 찾아오기' 미션입니다! 유치원 마당을 신나게 뛰어다니며 아이들은 저마다 독특한 색깔과 모양의 잎을 찾아옵니다. 이 과정에서 아이들은 '어떤 잎이 두 가지 이상의 색을 가지고 있을까?' 골똘히 생각하며 적극적으로 주변을 탐색하고 스스로 선택하게 됩니다.

　찾아온 잎을 충분히 관찰한 후에는 스케치북에 사인펜으로 그림을 그리고, 물을 살짝 찍어 번지게 하는 '수채 번지기 기법'으로 아름다운 작품을 완성합니다.

　이 활동의 하이라이트는 바로 '친구를 칭찬해요' 평가시간입니다. 친구들이 그린 작품을 함께 모여 붙여 놓고 감상하고, 각자 마음에 드는 작품을 선택하여 그 이유를 칭찬해 주며 서로의 다른 관점을 수용하고 협력의 힘을 경험하며, 친구의 발표를 귀 기울여 듣는 경청의 자세를 자연스럽게 익힙니다. 같은 장소에서 경험한 친구들의 작품을 보며 벤치마킹하고 함께 하는 작품에서 시너지

효과를 알게 하여 함께 하면 내 작품도 멋지네! 자신감을 얻게 됩니다. 칭찬하는 아이도, 칭찬받는 아이도 모두 얼굴에 웃음꽃이 활짝 피어납니다.

셋, 아빠와 함께 떠나는 특별한 가을밤, 야간 곤충 탐사!

매년 가을, 5세 아이들을 대상으로 아빠와 함께하는 아주 특별한 '야간 곤충 탐사 활동'을 진행합니다. '한국의 파브르'로 불리시는 곤충 전문가 선생님과 함께 선선한 가을밤, 아빠 손을 잡고 나서는 이 시간은 아이들의 호기심을 한껏 부풀어 오르게 합니다. 아이들은 전문가 선생님이 들려주는 신기한 곤충 이야기에 귀를 기울이고, 직접 채집한 사마귀를 손이나 어깨 위에 올려보는 특별한 경험도 합니다.

살아 움직이는 곤충을 직접 관찰하고 탐색하는 경험은 아이들의 창의력 발달에 매우 긍정적인 영향을 미친다는 것을 현장에서 늘 확인합니다.

이처럼 관찰을 통해 생긴 호기심은 아이를 끊임없이 움직이게 하고, 스스로 배우게 하며, 마침내 세상과 깊이 교감하며 성장하게 하는 놀라운 힘을 가지고 있습니다. 우리 아이가 가진 무한한 잠재력은 바로 이 작은 호기심이라는 씨앗에서부터 시작되어, '배움'이라는 아름다운 꽃을 활짝 피우고 풍성한 열매를 맺게 될 것입니다.

부모님께서 아이의 반짝이는 눈빛 속에 담긴 그 모든 작은 관찰의 순간들을 놓치지 않고 소중히 여겨주세요. 아이와 함께 키워가는 그 호기심이야말로 우리 아이에게 줄 수 있는 가장 값지고도 아름다운 선물입니다.

맛있는 정원 나들이 (채소 수확하기)

2-3. 자세히 보는 습관이 사고력을 만듭니다.

관찰은 멈춰서 바라보는 힘 관찰의 반복은 무언가를 '이해하고 싶다'라는 갈증을 만든다. 자세히 보는 그것을 습관화한 사람들은 남들이 무심코 보는 것을 예사로이 보지 않으므로 창의적인 영감을 얻습니다.

'우리들 자연학교' 봄꽃 관찰하기 활동

"세 살 버릇 여든까지 간다"라는 우리 속담처럼, 어린 시절 몸에 밴 습관은 평생을 좌우합니다. 특히 유아기에 형성된 '자세히 보는 습관'은 아이가 세상을 예사롭게 지나치지 않고 그 안에 숨겨진 의미와 원리를 발견하며 살아가는 '창의적 사고'의 가장 중요한 원동력이 됩니다.

가끔 우리 유치원 학부모님들께서 이런 이야기를 해주시곤 합니다. "원장님, 우리 유치원 아이들은 다른 유치원 아이들과 좀 다른 것 같아요." 아파트 놀이터에 여러 아이가 모여 놀 때 가만히 살펴보면, 다른 아이들은 주로 놀이 기구를 타는 데 집중하는 반면, 우리 유치원 아이들은 놀이터 주변의 나뭇잎이나 작은 돌멩이들을 주워 와 무언가를 열심히 만들고 거기에 깊이 몰입하는 모습을 보인다는 것이었습니다.

왜 우리 유치원 아이들은 놀이 기구보다 주변 환경의 작은 요소들에 더 많은 관심을 보이는 걸까요? 저는 그것이 바로 유치원에서 지속해서 이루어지는 자연 관찰 활동과 '보는 눈'을 키우는 교육을 통해, 아이들 스스로 주변 사물을 예사롭게 보지 않고 그 안에서 새로운 의미와 재미를 찾아내는 습관이 형성되었기 때문이라고 생각합니다.

아이의 사고력이 '자세히 보는 습관'에서 비롯된다는 것을 이해하기 위해, 우리는 아동 발달 심리학의 위대한 스승인 스위스의 심리학자 장 피아제(Jean Piaget) 박사의 이론에서 큰 도움을 받을 수 있습니다. 피아제는 아이들이 주변 환경과 직접 상호작용하고 그 결과를 자세히 관찰하는 과정을 통해 스스로 지식을 적극적으로 구성해 나간다고 설명했습니다.

피아제 이론의 핵심 개념 중 하나는 바로 '도식(Schema)'입니다. 도식이란 우리가 세상을 이해하고 경험을 해석하는 데 사용하는 기본적인 생각의 틀을 말합니다. 아이들이 새로운 경험을 접했을 때, 자신이 이미 가지고 있는 기존의 도식으로 충분히 이해되면 그 정보를 기존 도식에 통합시키는 '동화(Assimilation)' 과정을 거칩니다. 하지만 새로운 경험이 기존의 도식으로는 잘 이해되지 않을 때는, 아이는 그 새로운 정보에 맞춰 자신의 기존 도식을 새롭게 수정하거나 확장하는 '조절(Accommodation)' 과정을 거치며 인지적으로 발달합니다.

여기서 가장 중요한 점은, 이 '조절'의 과정이야말로 진짜 '생각'이 일어나는 순간이며, 이 과정은 아이가 대상을 '자세히 관찰'할 때 비로소 활성화된다는 사실입니다.

자세히 보는 습관이 아이에게 사물 간의 차이점을 발견하고, 그 차이점은 무엇인지 의문을 품게 하며, 그 의문을 해결하기 위해 정보를 분석하고 종합하여 마침내 새로운 결론에 도달하는 고차원적인 '사고 과정'을 끌어내는 것입니다.

이처럼 우리 아이가 세상을 '자세히 보는 습관'을 기르도록 돕는 것은 단순히 아이의 눈썰미를 키워주는 것을 넘어, 아이의 '생각하는 힘' 그 자체를 길러주는 가장 확실하고도 효과적인 방법입니다.

그렇다면 우리 아이가 일상에서 '자세히 보는 습관'을 즐겁게 가질 수 있도록 어떻게 도와줄 수 있을까요?

아이와 함께 '느림의 미학'을 발견하고 실천하세요. 늘 바쁘게 움직이기보다는, 가끔은 아이와 함께 풀밭에 편안히 앉아 작은 개미 한 마리가 열심히 먹이를 나르는 행렬을 한참 동안 관찰하거나, 길가에 핀 작은 꽃 한 송이의 여린 꽃잎 모양과 다채로운 색깔을 아주 자세히 살펴보는 특별한 시간을 가져보세요.

"어떤 점이 서로 다를까?" 하고 구체적으로 질문해주세요. 아이가 무언가를 보고 있을 때, 그저 "와, 저거 정말 예쁘다!"라는 것과 같은 단순한 감탄의 반응보다는, "저 꽃은 어떤 색깔들을 가지고 있을까?", "여기 있는 두 개 장난감은 어떤 점이 서로 비슷하고 어떤 점이 다를까?"와 같이 아이의 구체적인 관찰을 유도하고 생각을 확장하는 열린 질문을 던져주세요.

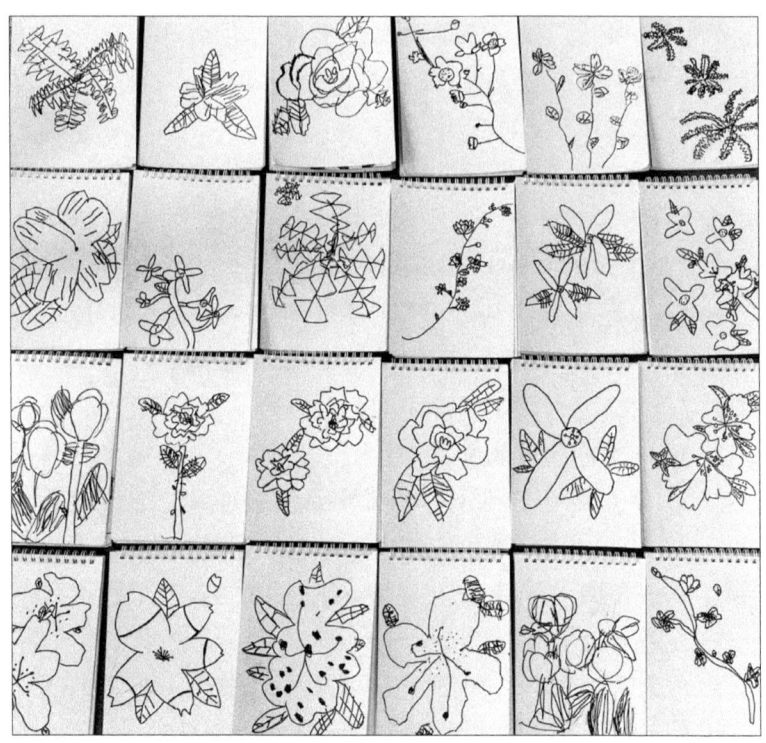

5세 '느긋하게 소풍 그림일기' 관찰 활동

아이가 직접 만지고 탐색할 기회를 풍부하게 제공해 주세요. 오감으로 직접 경험하는 것만큼 강렬하고 효과적인 관찰은 없습니다. 아이가 부드러운 흙을 직접 만져보고, 시원한 물을 이용해 다양한 놀이를 해보며 스스로 자세히 보고 느끼고 생각하도록 격려하고 이끌어주세요.

아이의 작은 발견을 세상 가장 큰 발견처럼 소중히 여기고 칭찬해 주세요. 아이가 무언가를 자세히 관찰하고 마침내 자신만의 새로운 발견을 이루어내어 부모님께 신이 나서 이야기할 때, "와, 정말 그렇네! 우리 하양이가 그걸 발견했구나! 엄마는 미처 몰랐는데, 알려줘서 정말 고마워!"하고 아이의 그 소중한 발견을 진심으로 존중하고 구체적으로 칭찬해 주세요.

우리 아이가 가진 위대한 잠재력인 '사고력'은 결코 멀리 있거나 특별한 곳에만 있는 것이 아닙니다. 바로 우리 아이의 반짝이는 눈이 매일매일 세상을 '자세히 보는 즐거운 습관' 속에서 조금씩, 하지만 꾸준히 자라나고 있습니다. 우리 아이의 반짝이는 눈빛 속에 담긴 그 위대한 관찰의 힘을 믿어주세요. 그 힘이야말로 우리 아이의 사고력을 우주만큼 무한히 확장해 줄 가장 소중한 열쇠입니다.

2-4. 멈춰 서서 보는 법을 배우는 시간

느림 속에서 발견하는 세상의 깊이
아이를 키우는 데 있어 느림은 선택이 아니라 필수.

항상 빨리빨리! 외치는 현대 사회 속에서 잠시 쉬어가세요.
아이들을 키우면서 가장 먼저 해야 할 마음은 느림보 마음입니다!
어떻게 하면 멋진 아이로 교육할 것인가 생각하시는 지혜로운 부모님이 되시길 바랍니다.
아이들은 기다림과 자극 속에서 변화되므로 부모님들은 감정을 조절하고, <u>기다려 줄 수 있는 절대적인 사랑이 필요합니다.</u>
우리 모두 느림보 부모가 되어 봅시다!

4, 5세 자연 관찰 표상 활동 러너 제작
(사물을 자세히 관찰하는 습관)

늘 '빨리빨리'를 외치는 현대 사회 속에서, 부모님들께 이 말씀을 꼭 드리고 싶습니다. 아이들을 키우면서 가장 먼저 가져야 할 마음가짐은 바로 '느림보 마음'입니다. 옛 어른들이 자녀를 키울 때 그 능력이 10이면 9만큼만 가르치라고 했던 지혜처럼, 아이의 성장을 재촉하기보다 한 걸음 물러서서 여유롭게 기다려 줄 때 아이는 오히려 자기 능력을 더 활짝 펼쳐 보일 기회를 얻게 됩니다.

저는 10여 년간 우리 유치원에서 매주 아이들에게 그림책을 들려주는 활동을 꾸준히 이어오고 있습니다. 2024년 졸업을 앞둔 아이들에게 어떤 마지막 이야기를 선물할까 고민하다, 특별한 그림책 한 권을 선택했습니다. 바로 『빨리빨리 빨리』(조이 카울리 글, 로저 카푸토 그림)라는 책입니다. 어쩌면 이 책은 바쁜 일상에 쫓겨 살아가는 우리 모두에게, 그리고 이제 곧 초등학교라는 새로운 세상으로 나아갈 아이들에게 꼭 필요한 메시지를 담고 있다고 생각했습니다.

이 그림책은 우리가 서두르다 보면 얼마나 많은 소중한 순간들을 놓치고 마는지 아름다운 글과 그림으로 보여줍니다. "빨리빨리 서두르면 볼 수 없어요. 풀잎 위를 기어가는 무당벌레의 작은 발걸음도, 비 온 뒤 흙 속에서 피어나는 향긋한 흙냄새도, 고요한 햇살 속에 춤추는 먼지조차도 볼 수 없지요. 배고픈 고양이가 물고기를 잡으려고 한참 동안 숨죽여 기다리는 인내의 순간도, 눈부시게 빛나는 커다란 해바라기의 미소도, 길가에 소박하게 피어난 노란 민들레꽃의 아름다움도 제대로 볼 수 없고, 마음 깊이 느낄 수 없다고 말합니다."

이 책의 마지막은 "세상에서 가장 느리게, 가장 조용히, 가장 천천히, 그리고 가장 평화롭게…."라는 글귀로 마무리됩니다. 이 책을 졸업하는 아이들에게 들려주며 이야기했습니다. "사랑하는 아이들아, 이제 곧 새로운 세상으로 가게 될 텐데, 너무 서두르다 보면 이렇게 아름답고 소중한 것들을 놓칠 수 있단다. 그러니 가끔은 일부러라도 천천히, 주변을 둘러보며 나아가자꾸나." 하고 말이지요.

[느림보 마음: 아이와 함께 성장하는 부모 교육 이야기]

우리 유치원에서는 이러한 교육 철학을 바탕으로, 2주에 한 번씩 부모님들께 "느림보 마음"이라는 제목의 교육 자료를 안내해 드리고 있습니다. 아이와 부모 모두의 행복을 위해 '느림'의 가치를 함께 나누고 싶기 때문입니다. "느림보 마음" 자료를 통해 저는 부모님들께 '느림보 미학' 세 가지를 제안합니다.

첫째, 느리게: 아이의 성장을 다른 아이와 비교하며 재촉하기보다, 내 아이만의 고유한 속도를 존중하며 믿고 기다려주세요.

둘째, 다르게: 남들이 다 하는 방식이 아니라, 내 아이만의 특별한 색깔과 강점을 발견하고 응원해주세요.

셋째, 행복하게: 눈에 보이는 결과보다는 아이와 함께하는 과정의 즐거움을 누리며 사랑하고 행복하게 살아가세요.

이렇게 1년 동안 "느림보 마음" 부모 교육 자료를 꾸준히 읽고 모으신 열정적인 부모님들께는 학년말 특별한 수료증과 함께 작은 시상을 해드리고 있습니다. 부모님들께서는 이 자료를 통해 조급했던 마음을 내려놓고 아이와 함께하는 순간순간을 더 소중히 여기게 되었다고 말씀해주십니다.

아이들이 '멈춰 서서 보는 법'을 배워야 하는 이유

그렇다면 왜 우리 아이들은 바쁜 세상 속에서 '멈춰 서서 보는 법'을 배워야 할까요? 그 이유는 아이의 깊이 있는 관찰이 바로 이 '느린 시간' 속에서 이루어지기 때문입니다. 아이가 작은 개미 한 마리를 따라가는 데 10분이 걸리고, 나뭇잎 하나의 미세한 잎맥을 바라보는 데 5분이 걸린다면, 바로 그 순간 아이에게는 새로운 세상이 천천히 펼쳐지는 것입니다.

'멈춰 본다'라는 것은 대상의 '존재를 온전히 인식하는 일입니다. 빠르게 스쳐 지나가는 일상에서 우리는 수많은 것들을 실제로 '보지 못한 채 그저 본다'라고 착각하며 살아갑니다. 하지만 아이가 잠시 걸음을 멈춰 길가에 핀 작은 꽃잎을 가만히 들여다볼 때, 아이는 그 사물의 고유한 존재감을 온 마음으로 느끼고 인식하는 법을 배우고 있습니다. 이렇게 존재에 주목하는 힘은 집중력과 주의력, 그리고 다른 존재에 대한 공감 능력의 중요한 토대가 됩니다.

이제는 우리 아이들에게 "더 빨리! 더 빨리!"를 외치기보다, "괜찮아, 잠시 멈춰 서서 세상을 둘러보렴" 하고 따뜻하게 말해주어야 할 때입니다. 그 아름다운 멈춤의 순간 속에서 아이는 자신만의 속도로 세상을 발견하고, 그 안에서 피어나는 고유한 호기심, 다채로운 감정, 그리고 의미 있는 질문들과 함께 진정한 배움의 싹을 틔우게 될 것입니다

3세 봄 자연 관찰 활동
(우리들 자연학교)

2-5. 감각을 깨우는 자연 관찰 놀이 아이디어 저금통
  아이디어 저금통의 '혁명'

<3세~5세까지 3년의 축적의 시간>
나는 내가 관찰한 것을
그림으로 기록하고
나만의 스토리를 발표하여
아이디어 저금통에 적립합니다.

"나는 무엇이든지 그릴 수 있는 요술 방망이를 가지고 있어요"
나 ○○○는 메모광, 나는 '생각 부자'입니다. 이 통에 내가 생각한 것을 기록으로 남긴 것입니다. 나의 어떤 메모도 보는 사람의 잣대로 평가할 수 없습니다. 우리나라 삼성 이건희 회장의 책상 서랍에도 항상 메모가 쌓여 있었다고 합니다. 그 밖에도 빌 게이츠, 아인슈타인, 링컨, 에디슨, 스티브 잡스…. 내 아이 생각 부자의 메모 습관을 존중해 주세요. 각자의 저금통 앞표지에 이렇게 써 주고 요술 방망이를 든 내 모습 그림도 붙여 주었답니다.

아이디어 저금통 3년 축적의 시간
(다른 크기, 모양, 질감 쪽지 종이 준비)

요즘 우리 아이들은 어떤 세상에서 살고 있을까요? 네모난 화면 속 현란한 이미지와 빠른 소리, 매끈한 액정의 감촉에 더 익숙해져 가는 아이들. 어쩌면 아이들은 세상과 만나는 가장 원초적이고도 중요한 통로인 '오감'을 충분히 사용하지 못한 채 살아가고 있는지도 모릅니다.

이들의 잠자고 있는 감각을 깨우고, 세상을 온몸으로 느끼며 배우는 기쁨을 되찾아 줄 수 있는 가장 완벽하고도 아름다운 교실이 바로 '자연'이라고 믿습니다. 숲속의 나무와 풀, 텃밭의 흙과 꽃,

하늘의 구름과 바람, 그리고 그 안에서 살아 숨 쉬는 작은 생명까지. 자연은 아이들의 오감을 자극하고 풍부한 감성을 키워주는 최고의 놀이터이자 가장 위대한 스승입니다.

우리 유치원은 마포구에 자리하여 월드컵공원의 아름다운 자연과 가깝다는 지리적 이점과 유치원 바로 앞 홍제천 흐르고 있어 적극적으로 활용하고 있습니다. 아이들은 가까운 산과 공원, 숲 체험장을 오가며 전문 숲 해설가 선생님들과 함께 자연을 오감으로 느끼고, 관찰하며, 생각하는 감각 일깨우기 활동을 꾸준히 하고 있습니다.

'아이디어 저금통' - 아이의 모든 감각 경험을 보물로 담는 시간

아이들이 자연 속에서 오감으로 발견한 모든 소중한 순간들을 그냥 흘려보내지 않고, 자신만의 '보물'로 간직하게 해주고 싶었습니다. 아이들의 생각을 무엇으로 기록을 남길 수 있을까? 유아기 그림은 아이들의 생각이며 언어입니다. 유치원의 특별한 활동 '아이디어 저금통'입니다.

'아이디어 저금통' 활동의 배경에는 레오나르도 다빈치의 노트 정신과, 빌 게이츠나 스티브 잡스 같은 위대한 혁신가들의 메모 습관이 있습니다. 그들은 번뜩이는 아이디어나 깊은 관찰의 순간을 놓치지 않고 기록하는 습관을 통해 세상을 바꾸었습니다. 우리 아이들도 위대한 천재들처럼, 자신이 관찰하고 느낀 것을 자신만의 방식으로 기록하고 저장하는 습관을 통해 '생각 부자'가 될 수 있다고 믿습니다.

아이들은 각자 자신만의 '아이디어 저금통'을 디자인한 후 숲이나 텃밭에서 자연을 관찰한 후 느낀 점을 다양한 크기와 모양의 쪽지에 그림이나 글로 자유롭게 표현하여 저금통에 '저축'합니다. 느

굳하게 소풍 그림일기는 32절 정형화된 스케치북을 주지만 아이디어 저금통은 크기와 질감 모양이 다른 종이를 주는 이유는 사물의 모양도 모두 다르게 생겼으므로 아이들이 사물을 관찰하고 비슷한 모양을 어떤 종이에 표현할까 선택하는 통찰력을 기르기 위해 스스로 선택하는 힘을 길러주기 위해 쪽지 종이를 주는 것입니다. 그리고 주기적으로 친구들 앞에서 자기 아이디어를 발표하고, 가정과 연계하여 부모님께도 자랑스럽게 소개하는 시간을 갖습니다.

저금통 앞표지에 이런 글을 써주고, 요술 방망이를 든 아이 자신의 그림도 붙여 주도록 합니다. "나는 무엇이든지 그릴 수 있는 요술 방망이를 가지고 있어요. 나 OOO는 메모광, 나는 '생각 부자'입니다. 이 통에는 내가 생각한 소중한 기록이 담겨 있습니다. 나의 어떤 메모도 다른 사람의 잣대로 평가할 수 없습니다."

이 과정은 3년의 축적의 시간으로 반복하며 아이들은 '나는 요술 방망이를 가지고 있어 무엇이든 할 수 있다'라는 자신감을 느끼게 됩니다. 또한, 사물을 관찰하고, 정리하고, 표현하고, 발표하는 전 과정을 자연스럽게 경험하며, 자기만의 이야기를 할 수 있는 아이로 성장하게 됩니다.

자연, 우리 아이를 위한 최고의 선생님

아이들이 가장 좋아하는 놀이터는 최신 장난감이 가득한 키즈카페일 수도 있습니다. 하지만 아이들의 마음을 가장 깊이 움직이고, 잠자던 감각을 깨우는 진정한 놀이터는 바로 '자연'입니다. 자연 속에서 아이와 함께하는 시간은 값비싼 교육프로그램이 줄 수 없는 무한한 선물을 안겨줍니다.

아이의 손을 잡고 밖으로 나가, 아이의 눈높이에 맞춰 함께 걸으며 자연을 느껴보세요.

"이 나뭇잎은 무슨 색일까?"

"흙을 만져보니 어떤 느낌이 들어?"

"바람 소리는 어떻게 들려?"

이러한 질문을 통해 아이는 자기 감각과 언어를 연결하며 세상과 소통하는 법을 배웁니다. 부모님의 따뜻한 공감과 반응은 아이의 호기심을 더욱 깊고 넓게 자라게 합니다.

우리 아이의 유아기는 감각의 문이 활짝 열려 있는 결정적인 시기입니다. 이 시기에 자연이라는 최고의 선생님과 함께 세상을 온몸으로 배우는 경험은, 아이의 잠재력을 깨우고 감정과 사고를 확장하는 가장 강력한 힘이 됩니다.

아이와 함께 자연 속에서 웃고, 뛰고, 관찰하고, 표현하는 시간을 가져보세요. 그 속에서 아이의 감각은 날카로워지고, 마음은 따뜻해지며, 세상을 향한 사랑도 자라날 것입니다. 자연이 주는 무한한 선물 속에서, 우리 아이의 잠재력은 틀림없이 아름답게 꽃필 것입니다.

4세 나뭇잎 잎맥 관찰 활동

2-6. 관찰을 더 깊게 만드는 '질문'의 역할

"왜요? 어떻게 해요?" 아이의 세상이 질문으로 자라납니다.

부모님의 따뜻한 질문은 마치 마법처럼 아이가 잠자고 있던 관찰력을 깨우고, 평범해 보이는 일상에서도 새로운 의미와 재미를 발견하도록 이끌어줍니다

4세 반 식물도감 만들기 활동

"엄마, 하늘은 왜 파래요?", "아빠, 저 개미는 지금 어디로 가는 거예요?", "선생님, 달팽이는 왜 자기 집을 등에 지고 다녀요?"

아이들을 키우다 보면 하루에도 셀 수 없이 많은 질문 공세에 행복한 진땀을 흘리실 때가 있을 겁니다. 때로는 그 끝없는 질문에 어떻게 대답해야 할지 막막하기도 하시겠지요. 하지만 아이의 그 수많은 질문이야말로 아이의 '보는 눈'이 세상을 향해 활짝 열리고 있다는 가장 확실하고도 아름다운 신호랍니다. 아이의 질문 속에는 세상을 향한 높은 관심과 스스로 답을 찾아가려는 적극적인 탐구 의지가 담겨 있기 때문입니다.

아이의 배움은 주변 세계에 대한 '관찰'에서 시작되고, 그 관찰은 자연스럽게 아이의 마음속에 크고 작은 물음표들을 피워 올립니다. 이 물음표들이 바로 아이의 관찰을 더욱 깊고 풍부하게 만들며, 창의적인 사고력을 키워주는 소중한 '질문의 힘'입니다.

아이의 질문, 세상을 향한 작은 속삭임에 귀 기울여주세요

아이의 입에서 나오는 질문 하나하나는 아이가 지금 무엇을 보고, 무엇에 마음을 빼앗겼는지를 우리에게 알려주는 비밀스러운 속삭임과도 같습니다.

"저 구름은 꼭 토끼처럼 생겼는데, 왜 자꾸 모양이 변해요?"라는 질문 속에는 하늘을 유심히 관찰한 아이의 섬세한 시선이 담겨 있습니다.

따라서 우리는 아이의 질문을 결코 가볍게 여기거나 귀찮아해서는 안 됩니다. 오히려 "와, 우리 ○○가 참 멋진 질문을 했네!", "그런 건 어떻게 발견했어? 엄마는 미처 생각도 못 했는데!" 하고 아이의 질문 자체를 칭찬하고 그 안에 담긴 아이의 빛나는 관찰력을 인정해주는 것이 중요합니다. 아이의 질문에 즉시 정답을 알려주기보다, "글쎄, 정말 왜 그럴까? 우리 한번 같이 생각해 볼까?" 하고 아이와 함께 답을 찾아가는 과정을 즐겨보세요.

유치원에서 아이들과 동요를 부를 때도 질문을 활용합니다. 봄씨 앗을 뿌리고 동요 부를 때 자기만의 씨앗은 담은 그릇을 표현해 보자고 질문하며 가을이 되어 "허수아비 아저씨" 노래를 부를 때, "온종일 서 있는 성난 허수아비, 어떻게 표현할까?"라고 묻습니다. 아이들은 멋진 생각으로 표현하며 즐거워합니다.

그리고 아이들이 그림을 그릴 때, "누구 마음대로 그릴까?"라고 질문하면 아이들은 자신 있게 "내 마음대로요!"라고 대답합니다. 이럴 때 아이들의 생각을 마음껏 칭찬해 주면, 아이들은 스스로 생각하고 표현하는 데 더 큰 자신감과 창의력을 얻게 됩니다. 아이의 질문에 진심으로 귀 기울이고 함께 고민하는 시간은, 아이에게 '내 생각은 존중받고 있구나' 하는 깊은 안정감과 자존감을 심어줍니다.

부모의 질문: 아이의 관찰에 날개를 달아주는 마법

아이의 질문만큼이나 중요한 것이 바로 아이의 관찰을 더욱 깊고 넓게 확장해 주는 부모님의 '질문'입니다. 부모님의 따뜻한 질문은 마치 마법처럼 아이가 잠자고 있던 관찰력을 깨우고, 평범해 보이는 일상에서도 새로운 의미와 재미를 발견하도록 이끌어줍니다.

첫째, 오감을 자극하는 질문입니다. "지금 네 눈에는 무엇이 보여?", "가만히 귀 기울여보니 어떤 소리가 들리는 것 같아?", "이 꽃에서는 어떤 향기가 나니?"와 같이 아이의 오감을 직접적으로 자극하는 질문은 아이가 주변 환경을 더욱 주의 깊게 관찰하고 세상을 풍부하게 경험하도록 돕습니다.

둘째, 경험을 연결하는 질문입니다. "이 구름 모양이 꼭 뭐처럼 생겼지?", "우리가 동물원에서 봤던 얼룩말 줄무늬랑 이 나뭇잎 줄

무늬가 좀 비슷한 것 같지 않니?"와 같은 질문은 아이의 연상 능력과 기억력을 자극하며, 새로운 정보를 기존의 지식 체계에 통합시키는 것을 도와줍니다.

셋째, 생각의 깊이를 더하는 질문입니다. "왜 저 나뭇잎은 빨갛게 물들었는데, 이 나뭇잎은 아직 초록색일까?", "만약 작은 씨앗을 땅에 심고 물을 주면 어떻게 될 것 같아?"와 같은 질문은 아이의 논리적 사고력과 문제 해결 능력, 그리고 상상력을 키워줍니다.

진정한 '좋은 질문'이란, 아이와 함께 세상을 탐험하고 그 과정에서 함께 배우고 성장하는 즐거운 '소통의 다리'가 되어야 합니다. 아이에게 질문을 던진 후에는 아이가 충분히 생각하고 자신만의 답을 찾을 수 있도록 느긋하게 기다려 주는 인내심이 필요합니다. 때로는 부모님도 아이와 함께 "글쎄, 그건 엄마도 정말 궁금한데? 우리 같이 한번 알아볼까?" 하고 솔직하게 자신의 모름을 인정하고 아이와 함께 답을 찾아 나서는 '공동 탐험가'가 되어주세요.

아이의 작은 관찰에서 시작된 소박한 질문 하나가 부모님의 따뜻한 공감과 지혜로운 질문을 만나 아름다운 대화로 이어지고, 그 대화 속에서 아이와 부모가 함께 새로운 것을 발견하며 성장하는 기쁨을 나누는 것. 이것이야말로 '질문'이 우리에게 선물하는 가장 큰 축복이 아닐까요?

우리 아이들의 마음속에는 세상을 향한 수많은 물음표가 매일 떠오르고 있습니다. 그 소중한 질문들에 귀 기울여주세요. 함께 웃고, 함께 고민하며, 함께 답을 찾아가는 그 모든 순간이 아이에게는 세상을 이해하는 지혜를, 문제를 해결하는 용기를, 그리고 무엇보다 '나는 사랑받고 있으며, 내 생각은 존중받는다'라는 깊은 자존감을 선물할 것입니다.

2-7 관찰을 통한 표현과 그로 인한 사고확장

관찰하기 (Observing): 단순히 보는 것을 넘어, 모든 감각을 동원하여 사물이나 현상의 세부 사항까지 주의 깊게 주목하고 탐구함으로써 그 본질을 파악하는 능력입니다.

봄에 피는 식물 관찰 활동 만5세 샤갈반

식물을 채취하여 물에 씻고 뿌리까지 관찰하는 활동

우리 아이들이 세상을 배우는 강력한 도구인 '관찰', 아이들은 관찰을 통해 세상을 느끼고(2-1), 호기심을 키우며(2-2), 자세히 보는 습관으로 사고력을 발달시키고(2-3), 때로는 잠시 멈춰 서서 (2-4) 세상의 깊이를 음미하며, 온몸의 감각을 통해 자연과 교감합니다(2-5). 그리고 이 모든 관찰의 경험은 아이들 마음속에 차곡차곡 쌓여, 마침내 가장 아름답고도 진솔한 언어, 바로 '그림'을 통해 세상 밖으로 펼쳐지곤 합니다.

만약 아이의 눈이 세상을 담는 사진기라면, 아이의 작은 손에서 탄생하는 그림은 그 사진을 현상하고, 자신만의 이야기를 덧붙인 한 편의 시와 같습니다. 유아기의 그림은 단순한 낙서나 놀이를 넘어, 아이가 자기 눈으로 관찰하고, 마음으로 느끼며, 머릿속으로 정리한 세상을 고스란히 담아내는 매우 중요한 '표현' 수단이자, 살아있는 생각의 흔적입니다.

작은 나뭇잎을 본 아이는 나무를 보게 되고 숲을 보고 자연을 볼 수 있는 눈이 발달합니다. 유아기 그림은 관찰의 증거 생각의 증거이며 아이들의 언어입니다.

위대한 창의성의 비밀을 파헤친 책 『생각의 탄생』(로버트 루트번스타인, 미셸 루트번스타인 저)에서는, 레오나르도 다빈치나 아인슈타인 같은 천재와 예술가들이 공통으로 사용하는 13가지 '생각의 도구'가 있다고 말합니다.

놀랍게도 그 첫 번째 도구가 바로,
우리가 지금껏 이야기 나눈 '관찰'입니다.
모든 지식은 관찰에서 시작된다. (생각의 탄생 p. 57)

그리고 그 뒤를 잇는 중요한 도구들이 바로 관찰한 것을 마음의 눈으로 떠올리는 '형상화'와 그것을 밖으로 꺼내는 '표현'입니다.

즉, 자세히 보고 그것을 자신만의 언어, 특히 '그림'이라는 언어로 표현하는 과정이야말로 창의성의 가장 근본적인 출발점이라는 것입니다.

아이가 무언가를 '보고, 그 의미를 생각하여, 그림으로 표현하는' 과정은 아이의 관찰력을 더욱 예리하게 만들고, 생각의 지도를 넓히는 놀라운 힘을 지니고 있습니다.

우리 유치원의 '느긋하게 소풍 그림일기'와 '아이디어 저금통' 혼자 하면 과제 함께 하면 놀이의 개념으로 긴 벽지를 깔고 봄꽃, 로제트 식물, 움직이는 사람 등 표현 놀이 활동은 바로 이러한 유아기 그림의 교육적 가치를 믿고, 아이들이 관찰을 통해 세상을 깊이 이해하고 그것을 자유롭게 표현하며 생각하는 힘을 키워나갈 수 있도록 돕기 위한 작은 노력입니다.

아이들의 그림 한 장 한 장에는 세상을 바라보는 독특한 시선, 세상을 이해하려는 치열한 노력, 그리고 세상을 향해 펼치고 싶은 무한한 상상력과 이야기가 담겨 있습니다. 그렇기에 우리 아이의 그림을 그저 '잘 그렸다, 못 그렸다'라는 기준으로 평가하기보다, 그 안에 담긴 아이의 생각과 마음을 읽어주려는 따뜻한 노력이 필요합니다.

"이 그림에는 어떤 재미있는 이야기가 숨어있니?"
"이 부분을 그릴 때 어떤 생각을 했어?"
"와, 엄마는 미처 발견하지 못했는데, 우리 귀염둥이는 이것까지 보았구나!"

이러한 열린 질문을 통해 아이와 그림에 대해 함께 이야기 나누는 시간은, 아이의 사고를 확장하고 부모와 아이 사이의 정서적 유대감을 더욱 깊게 만들어줄 것입니다. 가정에서도 아이의 그림을 통해 아이의 마음을 읽고, 아이의 세상을 함께 여행하는 즐거움을 누리시기를 진심으로 바랍니다. 우리 아이들의 작은 손에서 피어나는 위대한 생각의 꽃들을 함께 응원해주세요!

5세 허브 심고 기르며 관찰한 허브 표상 활동

2-8. 관찰의 궁극적인 의미, 통찰로의 발전
세상을 깊이 이해하는 지혜의 눈을 뜨다.

아이는 보는 만큼 경험만 만큼 느낍니다.

아이에게 세상을 관찰하는 즐거움을 알려주는 것은, 아이의 손에 세상을 이해하고 사랑하며 살아갈 수 있는 가장 강력하고도 아름다운 열쇠를 쥐여 주는 것과 같습니다.

5세 감성 소풍 여행 프로젝트 우리 반 대형 돗자리 작품

지금까지 2장의 여정을 통해 아이들의 '세상을 바라보는 눈', 즉 '관찰'이 어떻게 배움의 문을 활짝 열어주는지를 함께 이야기 나누었습니다.

아이들은 관찰을 통해 세상을 처음 '느끼고', 그 속에서 피어나는 '호기심'을 따라 질문하며, '자세히 보는 습관'으로 '생각하는 힘'을 기릅니다. 때로는 일부러 '멈춰 서서' 세상의 속삭임에 귀 기울이고, 온몸의 '감각을 깨워' 자연과 교감하며, 마침내 자신만의 언어로 세상에 대한 이해를 '표현'합니다.

그렇다면 이 모든 관찰의 과정이 궁극적으로 우리 아이들에게 무엇을 선물할까요? 저는 그것이 바로 세상을 단순히 보는 것을 넘어 그 본질을 꿰뚫어 보는 힘, 즉 '통찰(Insight)'이라고 믿습니다. 관찰이 씨앗이라면, 통찰은 그 씨앗이 오랜 시간과 경험 속에서 마침내 피워내는 지혜로운 꽃과 같습니다.

'통찰'이란, 흩어져 있던 경험의 조각들이 어느 순간 하나의 의미 있는 그림으로 맞춰지면서 "아하! 그렇구나!" 하고 무릎을 탁, 치는 깨달음의 순간입니다.

그것은 단순히 새로운 사실을 아는 것을 넘어, 그 사실들 사이의 숨겨진 관계를 발견하고, 현상 이면에 담긴 더 깊은 원리를 이해하며, 세상을 바라보는 자신만의 관점을 갖게 되는 놀라운 경험입니다.

한 아이가 매일 유치원 화단의 해바라기를 관찰한다고 상상해 봅시다. 처음에는 그저 '노랗고 큰 꽃'으로만 보였던 해바라기가, 아이의 꾸준한 관찰 속에서 아침이면 해를 따라 고개를 돌리고 저녁이 되면 다시 고개를 살짝 숙이는 모습을 반복적으로 보여줍니다. 어느 날, 아이는 문득 이 모든 관찰의 조각들을 연결하며 "아!

해바라기는 해를 정말 좋아해서 해만 따라다니는구나! 그래서 이름도 해바라기인가 봐!"하고 외칠지도 모릅니다.

이 순간, 아이는 해바라기의 움직임을 아는 것을 넘어, 이름과 생태적 특성 사이의 깊은 연관성을 스스로 깨닫는 '통찰'의 기쁨을 경험하게 되는 것입니다.

이러한 통찰의 순간은 결코 우연히 찾아오는 것이 아닙니다. 아이가 꾸준한 관찰 속에서 자연의 거대한 패턴(계절의 순환 등)을 발견할 때, '왜?'라는 질문의 끈을 놓지 않을 때, 그리고 느긋한 기다림 속에서 생각이 충분히 숙성될 때 비로소 발현됩니다. 아이가 관찰한 것을 온몸의 감각으로 느끼고 자신만의 언어로 표현하는 모든 과정이, 피상적인 이해를 넘어선 깊이 있는 통찰로 발전하는 중요한 밑거름이 되는 것입니다.

우리가 아이들에게 '보는 눈'을 키워주고 관찰하는 즐거움을 알려주는 것은, 단순히 아이의 인지 능력을 발달시키기 위함만이 아닙니다. 관찰 교육의 궁극적인 의미는 아이가 세상을 더욱 깊이 이해하고 사랑하며, 그 안에서 자신만의 의미를 발견하고 지혜롭게 살아가는 힘을 길러주는 데 있습니다.

꾸준한 관찰을 통해 '아하!' 하는 통찰의 순간을 자주 경험한 아이는 스스로 배우고 탐구하는 것의 즐거움을 알게 되어 평생 학습의 토대를 마련하게 됩니다.

또한 자연의 작은 변화, 친구의 미묘한 표정까지 세심하게 관찰하는 아이는 자신이 사는 세상과 깊이 연결되어 있음을 느끼고, 다른 사람의 감정을 이해하며 더불어 살아가는 지혜를 배웁니다. 무엇보다, 평범한 일상에서도 남들이 쉽게 지나치는 작은 아름다움과 경이로움을 발견하며 감탄할 줄 아는 풍부한 감수성을 지니게 됩니다.

우리 아이의 '보는 눈'이 세상을 꿰뚫는 '통찰의 눈'으로 발전하기까지, 부모님께서 해주실 수 있는 가장 중요한 역할은 아이의 고유한 관찰 방식과 생각의 속도를 믿고 존중하며, 따뜻하게 격려하고 기다려 주는 것입니다.

아이의 작은 발견과 서툰 질문들을 소중히 여기고 함께 기뻐해 주세요. 정답을 알려주기보다 아이 스스로 답을 찾아갈 수 있도록 다양한 경험의 기회를 마련해주고, 그 과정을 함께 즐겨주세요.

아이에게 세상을 관찰하는 즐거움을 알려주는 것은, 아이의 손에 세상을 이해하고 사랑하며 살아갈 수 있는 가장 강력하고도 아름다운 열쇠를 쥐여 주는 것과 같습니다.

우리 유치원 교육과정에서 활동도 관찰의 반복적 경험을 통해 아이들이 자신감을 느끼고 제 생각을 마음껏 표현하고 자기 생각을 이야기할 줄 아는 아이로 교육하고 있습니다. 우리 유치원 아이들이 수많은 생각의 증거들 (관찰 그림 놀아낸 경험의 그림) 활동을 보고 많은 사람이 놀라며 감탄합니다. 미술을 잘하는 아이들이 아니라 자기 생각을 잘 정리하여 표현할 줄 아는 경험의 교육을 실천한 결과입니다.

우리 아이들이 매일 반짝이는 눈으로 세상을 관찰하고, 그 속에서 수많은 질문을 던지며, 마침내 '아하!' 하는 통찰의 기쁨을 온몸으로 경험할 수 있도록 곁에서 힘껏 응원해주시길 바랍니다. 그렇게 세상을 깊이 이해하고 사랑하는 지혜의 눈을 뜬 우리 아이들은, 앞으로 어떤 미래를 만나든 자신만의 빛깔로 세상을 아름답게 채워나가는 멋진 사람으로 성장할 것이라 굳게 믿습니다.

삶을 설계하는 시간
유아기 큰그림 교육

3장.
숲이 아이를 키운다:
자연에서 배우는 생명의 수업

3-1. 교실 밖의 교실, 숲이 우리 아이를 부릅니다

- 자연을 만나면 내면의 길을 찾아가고 차분해지며 자기 자신과 만나는 시간이 늘어난다.
- 자연물은 다른 재질로 촉감과 오감을 자극하며 언어도 발달시킨다.
- 마음의 안정감과 스트레스가 적은 공간이라 공격 성향이 줄어들며 움직임이 많아 작은 기쁨을 느껴 "감성을 키워주는 최고의 공간"이 된다.

자연이 매일 교실이 되어 탐색하며 놀아내는
독일 숲유치원 아이들과 필자

자연을 만나면 아이의 내면도 함께 깨어납니다. 차분해지고 고요해지며, 스스로와 마주하는 시간이 깊어집니다. 손끝에 스치는 자연물의 감촉, 바람이 전하는 냄새, 사방에서 들려오는 소리는 아이의 오감을 자극하고 언어를 자라나게 합니다.

자연은 마음의 쉼터이자 스트레스를 녹여내는 부드러운 품입니다. 공격적 에너지가 줄고, 몸은 자유로워지고, 작은 기쁨들이 파도처럼 밀려옵니다. 그래서 숲은 언제나 감성을 키우는 가장 아름다운 교실이 됩니다.

아이들과 함께 숲으로 향하는 길, 그 발걸음이 유난히 설레고 벅찬 이유는 단지 자연이 좋아서만은 아닙니다. 그 길 어귀엔 저의 어린 시절, 가슴 깊이 간직한 기억들이 숨 쉬고 있기 때문입니다.

저는 충청남도 작은 시골 마을에서 여섯 남매 중 막내딸로 태어나 자랐습니다. 초등학교 저학년 시절까지, 저는 버스도 다니지 않던 마을에서 시골길을 따라 한 시간을 걸어 학교에 다녔습니다. 들판은 철 따라 색을 달리했고, 계절마다 흙냄새와 풀 내음이 저를 감쌌으며, 바스락거리는 낙엽 소리와 지저귀는 새소리는 어느 날도 빠지지 않는 동무였습니다.

봄이면 논두렁을 따라 걷다 연둣빛 새싹을 보고, 개구리울음에 귀 기울였고, 바구니 가득 냉이를 캐던 날은 일기장 속 주제가 되었습니다. 그 일기를 선생님께서 친구들 앞에서 읽어주셨을 때의 뿌듯함은 지금도 또렷합니다. 여름이면 시냇가에서 친구들과 물장구를 치고, 메추리알을 찾아내며 손에 닿던 차가운 감촉이 생생합니다. 가을엔 황금 들판에서 메뚜기를 쫓고, 겨울엔 꽁꽁 언 논바닥에서 썰매를 탔지요. 마당에 핀 꽃들은 나비를 불러들이며 저마다 이야기를 속삭였습니다.

그 시절의 자연은 저에게 가장 친한 친구이자 위대한 스승이었습니다. 네 개의 벽으로 둘러싸인 교실보다, 흙냄새 나는 들판과 자유로운 하늘 아래에서 저는 더 많이 배우고 느꼈습니다. 아마 그때 제 마음 깊은 곳에 '자연을 사랑하는 씨앗'이 심긴 것이겠지요. 그 씨앗은 지금까지도 자라고 있어, 제가 아이들과 숲에서 함께 배우고 느끼며 살아가는 이유가 되었습니다.

유년기의 감성과 감각은 사람의 삶 전체를 이끄는 근간이 됩니다. 어른이 되어도 어린 날의 경험은 삶의 언어로, 태도로, 철학으로 되살아나지요.

그렇다면 오늘날 우리 아이들은 어떤 풍경 속에서 자라고 있을까요? 흙냄새 대신 먼지 없는 실내, 바람 소리보다 스마트 기기의 알림음, 들판 대신 네모난 교실과 시간표에 둘러싸인 도시의 삶. 물론 현대의 교육 환경이 주는 장점도 있습니다. 하지만 때때로 우리 아이들이 자연 속에서 흙을 밟고 바람을 맞으며 자기를 확장해 나갈 기회를 충분히 누리고 있는지 안타까울 때가 많습니다.

아이들의 마음 깊은 곳엔 여전히 자연을 향한 본능적인 그리움이 숨 쉬고 있다고. 눈에 보이진 않아도, 네 개의 벽을 넘어 저 푸른 숲이 지금도 아이들을 부르고 있다고. 그 부름은 아이의 영혼을 살찌우고, 생명의 지혜를 속삭이며, 온전한 성장을 이끄는 자연의 목소리입니다.

숲은 정답을 가르치기보다 스스로 질문을 던지게 합니다. 오감을 열어 세상을 온몸으로 느끼게 하고, 작은 생명과의 만남을 통해 존중과 배려를 배우게 합니다. 때로는 넘어지고 다치기도 하지만, 그 경험은 회복과 용기를 배우는 시간이 되지요. 친구와 손을 잡고 함께 어려움을 헤쳐가는 그 모든 과정이 아이들을 더 단단하게 만들어줍니다.

어쩌면 아이들은 이미 숲의 부름에 마음속으로 응답하고 있을지도 모릅니다. 창밖 나뭇잎에 시선을 빼앗기거나, 그림책 속 동물들과 숲속을 달리는 상상을 하면서 말입니다. 이제 우리가 그 속삭임에 귀 기울여야 할 때입니다. 아이의 손을 잡고 교실을 넘어 살아 있는 세상으로, 숨 쉬는 자연 속으로 함께 나아가야 할 때입니다.

숲 교육은 결코 특별한 아이들만을 위한 것이 아닙니다. 오히려 모든 아이가 누려야 할 기본적인 권리이며, 아이들의 전인적 성장을 위한 본질적인 교육입니다. 책상과 칠판을 잠시 벗어나, 흙을 밟고 바람을 느끼며 배우는 그 경험이야말로 아이의 삶에 깊고 단단한 뿌리를 내려줍니다.

유아교육 현장에 몸담으며, 견문을 넓히고자 독일과 북유럽, 영국 등 다양한 나라의 숲 교육 현장을 직접 보고 느꼈습니다. 그곳의 아이들은 숲을 학교 삼아 자라나고 있었습니다. 우리 아이들에게 가장 완벽한 교실은 이미 우리 곁에 있으며, 그것은 바로 '숲'이라는 이름의 살아 있는 배움터라는 사실입니다.

지금, 그 숲이 우리 아이를 부르고 있습니다. 그 부름에 응답해 아이와 함께 숲으로 향하는 여정을 시작해 보시겠습니까? 오늘 우리가 내딛는 그 한 걸음이, 아이의 평생을 지켜줄 지혜의 길이 되어줄 것입니다.

3-2. 독일에서 북유럽까지, 세계의 숲 학교가 들려준 지혜
   선진 숲 교육 현장에서 얻은 배움의 기록

아이들이 스스로 발견하고, 질문하며, 마음껏 뛰어놀 수 있도록 한 걸음 물러서서 기다려 주고 격려해 주는 부모와 교사의 역할이 그 무엇보다 소중하다는 것을 숲 선진교육의 깨달음이었습니다.

숲이 교실이 되는 독일 숲유치원 아이들 나무 오르기
(내가 가고 싶은 나라)

햇살 가득한 들판과 바람 머무는 숲에서 놀던 유년 시절은 오늘의 저를 키운 가장 단단한 뿌리가 되었습니다. 자연 안에서의 그 행복한 순간들이 '숲과 자연 교육'이라는 철학으로 자라나, 지금의 저를 움직이는 살아있는 질문이 되었습니다.

"숲 교육 선진국에서는 아이들을 어떻게 자연 속에서 교육하고 있을까?"

그 물음 하나를 품고, 지난 몇 년간 세계 곳곳의 숲 교육 현장을 찾아 나섰습니다. 2018년부터 숲유치원의 발상지인 독일, 3회 북유럽 4개국 방문하였고, 팬데믹 이후에는 영국의 숲 학교와 눈과 비를 친구 삼는 북유럽 4개국 다시 방문하여 다양한 야외 교육 현장 다녀왔습니다. 비록 문화와 환경은 서로 달랐지만, 아이들의 웃음소리가 나뭇잎 사이로 퍼지던 그 모든 현장에서, 저는 자연과 어우러진 교육의 지혜를 가슴 깊이 품고 돌아왔습니다.

1. 독일의 '발트킨더가르텐(Waldkindergarten)'
"숲 그 자체가 교실이자 장난감입니다."

독일의 숲유치원, '발트킨더가르텐'은 말 그대로 숲이 전부인 학교입니다. 제가 방문한 대부분의 곳에는 교실다운 건물이 없거나, 비상 대피용 오두막 하나만 있을 뿐이었습니다. 아이들은 사계절 내내 숲에서 하루를 보냅니다. 정해진 수업도, 인공적인 장난감도 없습니다. 숲이 교과서이고, 나뭇가지와 흙, 돌멩이가 가장 훌륭한 장난감입니다.

처음 독일의 숲유치원을 찾았을 때, 여섯 살 아이가 집에서 작은 칼을 허리에 차고 등원하며 나뭇가지를 직접 다듬는 모습을 보고 적지 않게 충격을 받았습니다. 아이들은 망치, 칼, 톱, 송곳 같은 도구들을 자유롭게 다루며 자신만의 세계를 만들어가고 있었습니다. 마로니에 열매에 구멍을 뚫는 한 아이를 보며 깊은 울림을 받았을 때, 곁에 있던 선생님은 이렇게 말했습니다.

"작품을 완성하는 것이 목적이 아닙니다. 도구를 다루는 과정에서, 아이가 위험을 감지하고 안전하게 사용하는 방법을 스스로 익히는 것이 더 중요하지요."

그 순간, 우리 교육 현장을 떠올리게 되었습니다. 눈에 보이는 결과물 중심이 아닌, 아이의 탐색과 경험 그 자체를 존중하는 '과정 중심 교육'의 본질에 대해 다시금 생각하게 된 계기였습니다.

독일 숲에서 받은 또 하나의 감동은 바로 음악이었습니다. 아침 첫 수업을 시작할 때, 교사가 기타를 연주하며 아이들과 노래하고 교감하는 모습을 보았습니다. 아름다운 자연 속에서 음악이 함께하는 그 평화로운 시간이 제게는 너무나 아름답게 느껴졌습니다. '나도 배워야겠다'라는 결심으로 한국에 돌아와 우쿨렐레를 배우기 시작했고, 지금은 매주 아이들에게 책을 들려주는 날이면 계절에 어울리는 동요를 우쿨렐레로 연주하며 아이들과 함께 노래합니다. 연주에 맞춰 춤추며 환하게 웃는 아이들을 볼 때마다, 이 시간이 얼마나 소중한지 다시금 깨닫습니다.

2. 북유럽의 '프릴루프츨리브(Friluftsliv)'

"나쁜 날씨란 없습니다. 나쁜 옷차림만 있을 뿐입니다."

2023년, 북유럽 네 나라(노르웨이, 스웨덴, 덴마크, 핀란드)의 자연 교육 현장을 다시 찾았습니다. 그곳의 아이들은 태어날 때부터 자연과 함께 숨 쉬는 법을 배웁니다. 이 지역의 유명한 속담처럼, 비가 오나 눈이 오나 아이들은 숲으로 향합니다.

덴마크의 한 유치원에서는 일주일에 며칠은 반드시 야외에서 하루를 보냅니다. 아이들은 젖은 낙엽 위를 뒹굴고, 진흙탕에서 미끄럼을 타며, 자연물을 이용해 자유롭게 만들기 활동을 합니다. 그곳의 교사들은 아이들이 자연 속에서 위험을 인지하고 대처하는 힘을 기르도록 격려합니다. 아이들의 자율성을 최대한 존중하며, 아이 스스로 선택하고 결정할 수 있도록 말없이 기다려 줍니다. 그 고요한 기다림 속에서, 아이는 더욱 단단해집니다.

세계의 숲이 우리에게 주는 교훈: 자연, 가장 위대한 스승
독일과 북유럽의 숲 교육 현장들은 각기 다른 문화 속에서도 몇 가지 중요한 공통점을 가지고 있었습니다. 그것은 바로 아이들에 대한 깊은 신뢰, 자연이라는 위대한 스승에 대한 존경, 그리고 아이 주도적인 놀이와 실제 경험을 통한 배움의 가치를 무엇보다 중요하게 여긴다는 점이었습니다.

이러한 사례들은 우리에게도 많은 것을 시사합니다. 비록 우리의 도시 환경 속에서 매일 숲으로 나가는 것이 현실적으로 어려울지라도, 아이들과 함께 가까운 공원이나 작은 숲이라도 꾸준히 찾아 자연과 교감하는 시간을 갖는 것이 얼마나 중요한지를 깨닫게 합니다.

그곳에서 아이들이 스스로 발견하고, 질문하며, 마음껏 뛰어놀 수 있도록 한 걸음 물러서서 기다려 주고 격려해 주는 어른의 역할이 그 무엇보다 소중하다는 것을 말입니다.

세계의 숲들이 가르쳐준 지혜는 결국 하나로 통합니다. 자연이야말로 우리 아이들의 몸과 마음, 그리고 영혼을 가장 건강하고 아름답게 키워낼 수 있는 가장 위대한 스승이라는 사실입니다.

유치원 바로 앞 홍제천 나들이 (새 관찰)

3-3. 영국 교육에서 발견한 '아이 주도 야외 놀이'와 '신체적 자신감'의 힘

2024년 영국 교육기관 탐방기

Why outdoor play?
왜 아이들은 밖에서 놀아야 할까요?
어린이는 놀고 배울 권리가 있습니다. - 유엔 아동권리협약 中

1. Physical confidence-make their heart beat
신체적 자신감은 심장을 뛰게 만든다.

2. Intellectual curiosity- feeds the soul
지적 호기심은 영혼을 먹여 살린다.

(왼쪽) 영국 아드브렉 학교에서 신체 활동 참여 중 필자
(오른쪽) 두뇌로 세계 여행 프로젝트 중 내가 가고 싶은 나라 탐구 활동

"아이들은 온몸으로 자연을 만나고, 그 경험을 통해 삶을 지탱할 자신감의 뿌리를 내립니다." 아이들은 야외 놀이를 통해 몸과 마음, 건강과 배움, 자극과 성장을 온전히 경험합니다.

자유로운 바깥 활동은 아이의 균형감각을 키우고, 다양한 대근육·소근육 활동을 통해 신체적 능력을 길러줍니다. 2024년, 아이들의 행복한 성장을 위한 또 하나의 영감을 찾아 영국으로 떠났습니다. 유서 깊은 사립학교부터 자연 속에 숨은 보석 같은 숲유치원까지, 각기 다른 특색을 지닌 유아교육 기관들을 만나며 '자연 속 놀이'와 '아이 주도 배움'을 삶처럼 일구는 모습을 보고 왔습니다.

무엇보다 인상 깊었던 점은, 아이들이 실내와 실외를 자유롭게 오가며 스스로 놀이 공간을 선택할 수 있도록 환경이 조성되어 있다는 것이었습니다. 교실 문 하나만 열면 바로 바깥 놀이터가 이어져, 아이들이 경계 없이 교실과 바깥 놀이를 스스로 선택하는 모습은 참으로 인상 깊었습니다. 놀이의 주도권이 아이의 손에 쥐어졌을 때, 그들은 공간도, 놀이도, 배움도 스스로 창조해 나갔습니다.

한국으로 돌아와 우리 학부모님들께 이런 사례를 나누며 물었습니다.

"부모님 유치원에서 놀이 때 자녀에게 인도어(indoor)와 아웃도어(outdoor) 중 하나를 스스로 선택하게 한다면, 어디를 고를 것 같아요?"

많은 부모님은 "우리 아이는 분명 야외를 선택할 것 같아요."라고 답하셨습니다.

그러나 우리 아이들은 실제로 얼마나 자주 바깥에서 놀고 있을까요? 영국 연수 내내 나의 교육을 돌아보며 outdoor 활동을 더욱 늘리고 실천해야겠다는 다짐을 실천에 옮기고자 바깥 놀이 야외수영장 철거하고 창의적 혁신의 공간 "바우하우스" 놀이터를 만들었습니다.

이번 영국 방문에서 저는 다시금 '신체적 자신감'의 가치를 온몸으로 깨달았습니다. 그 경험의 시작은 아드브렉 스쿨(Ardvreck School)의 신체 활동 수업이었습니다. 하네스 하나만을 매고, 줄에 의지한 채 높은 통나무를 오르는 활동. 연수팀 모두가 두려워 주저하는 사이, 저는 '한번 도전해보자!'라는 마음으로 끝까지 올라 보았습니다. 꼭대기에 도달하자 함께한 연수자들이 환호가 들렸고, 저는 그 순간을 온몸으로 춤추듯 기뻐했습니다. 도전은 두려움을 뚫고 나아가는 첫걸음이며, 그 성취감이야말로 신체적 자신감의 가장 큰 자양분임을 생생하게 느낄 수 있었습니다.

또 하나 인상 깊었던 장면은 초등이음반 수학 수업이었습니다. 아이들은 동그랗게 앉아 몸을 움직이며 수학을 배웠습니다. 블록을 머리 위에 올리고 걸으며 집중력을 기르고, A3 코팅문제집을 교사가 이야기를 들려주는 형식으로 문제를 해결하는 방식이었습니다. 수학은 딱딱한 공부가 아닌 즐거운 놀이가 되었고, 아이들의 눈빛은 반짝였습니다.

마지막으로 찾은 아웃도어 펀 포레스트 스쿨 너서리에서는, 쌀쌀한 날씨 속에서도 초등학생들이 반바지를 입고 잔디밭을 구르며 땀 흘려 뛰어놀고 있었습니다. 교사는 아이들에게 호수로 시원한 물을 뿌려주며 놀이를 이어갔고, 아이들은 물줄기 속에서 웃음꽃을 피웠습니다. 그 순간, 저는 영국 교육이 지향하는 철학을 명확히 느낄 수 있었습니다. 신체적 자신감은 삶의 질을 높이고, 넘어진다는 두려움 대신 다시 일어설 힘을 길러준다는 것을요.

영국에서 얻은 이러한 깨달음은, 몇 해 전 독일 연수 후 만들었던 우리 유치원의 '옛날 놀이터'가 얼마나 소중한 공간인지를 다시금 느끼게 했습니다. 물과 흙이 어우러진 이 자연 놀이터에서 아이들은 규칙도 스스로 만들고 지켜갑니다. '스스로 찾아내고, 스스로 만들어가고, 스스로 배려하며, 함께 협약하고, 창조적으로 문제를 해결하는 것'. 이것이 바로 저희 '옛날 놀이터'의 교육 목표입니다.

영국에서 돌아온 후 야외수영장을 철거하고 성산의 창의적 혁신 공간 "바우하우스 놀이터"를 설치하여 선진국의 아이들처럼 다양한 도구를 주어 스스로 놀아내도록 해주었습니다.

이번 탐방을 통해 제 마음에 가장 깊이 새겨진 두 가지는, 아이들이 스스로 놀이 환경을 선택하는 자율성, 그리고 그 선택과 도전을 통해 자연스럽게 길러지는 '신체적 자신감'이었습니다. 우리는 아이에게 묻습니다. "어디에서 놀고 싶니?" 그러나 진짜 중요한 질문은 이것입니다. "아이의 작은 시도와 도전을, 우리는 얼마나 신뢰하고 있나요?"

아이들이 몸으로 부딪치고 스스로 선택하며 세상을 배워갈 때, 그 경험은 곧 삶을 지탱하는 자신감의 뿌리가 되어줄 것입니다. 어른의 따뜻한 시선과 기다림이 있다면, 아이들은 스스로 삶의 나무를 우직하게 키워갈 것입니다.

독일, 영국 연수 후 조성한 옛날 놀이터와 바우하우스 놀이터 (outdoor)

3-4. "괜찮아, 다시 해보자!"
숲속 모험이 키우는 도전과 회복의 힘

일영 소재 '우리들 자연학교',
파주 헤이리 '어린이미술관 자란다 숲 학교' 활동 이야기

[현장학습 구호]
놀면서 배우고, 배우면서 노는 우리 땅!
우리 땅은 우리들의 놀이터!
으샤~ 으샤~, 세상의 주인은 나! ○○ 어린이야!

자연학교 4계절 활동과 자연물 꾸미기 활동

우리 아이가 넘어지지 않기를, 실패하지 않기를, 늘 안전하고 평탄한 길만 걷기를 바라는 마음은 부모라면 누구나 품는 간절한 소망입니다. 하지만 아이의 삶이 언제나 우리가 깔아놓은 양탄자 위처럼 매끄럽기만 할 수는 없습니다. 때론 걸려 넘어지고, 부딪히고, 뜻대로 되지 않아 속상해하는 순간들이야말로 아이를 더 단단하게, 더 지혜롭게 자라게 합니다.

그 '넘어짐'과 '다시 일어섬'을 통해 '회복탄력성'을 가장 아름답고 자연스럽게 배울 수 있는 교실이 바로 숲이라고 믿습니다. 숲은 아이에게 정해진 정답을 요구하지 않습니다. 대신 매 순간 살아 숨 쉬는 도전과 모험을 선물합니다. 예측할 수 없는 자연 속에서 아이들은 작은 실패를 만나고, 그 실패를 친구와 함께, 때로는 자신의 지혜로 이겨내며 회복의 힘을 익혀갑니다.

우리 유치원은 평소 지역사회와 연계한 관내 숲 체험장을 이용해 다양한 자연 활동을 진행해왔습니다. 하지만 대부분 짧게는 1시간 남짓 머무르는 일정이라, 아이들이 자연에 충분히 몰입하기에는 늘 아쉬움이 있었습니다. 그래서 우리는 더 긴 시간, 편안하게 자연에 스며들 수 있는 공간, 아이들이 자신의 속도로 자연을 느낄 수 있는 자연학교를 찾아 나섰습니다.

북유럽의 도시에 있는 유치원들도 자연 속에 있는 숲 학교를 정기적으로 방문하며 교육하고 있었습니다.

4계절을 경험하는 아이들의 마음의 고향 같은 우리는 여러 자연학교를 20여 년 꾸준히 찾았습니다. 그렇게 함께한 시간이 쌓이고 나서야 비로소 알게 되었습니다. 왜 졸업한 아이들이 저를 만나면 제일 먼저 이렇게 묻는지요.

"원장님, 요즘에도 자연학교 가요?"

그들에게 그곳은 단순한 체험장이 아니었습니다. 자유롭고, 따뜻하고, 자신을 온전히 펼칠 수 있었던 '마음의 고향'이었던 것이지요.

1. '자란다 어린이미술관 숲 학교' - 예술과 자연의 만남 속에서 피어나는 창의적 도전

파주 헤이리 부근 위치한 '자란다 어린이미술관 숲 학교'는 예술과 자연이 어우러진 또 하나의 특별한 배움터입니다. 매년 두 명의 화가를 선정해 전시를 기획하고, 아이들이 직접 참여할 수 있는 '화가의 체험 공간', 그리고 아름다운 숲을 연계한 프로그램을 운영합니다.

이 특별한 미술관을 이끄시는 관장님은 제게 교육의 방향성에 많은 영감을 주신 분입니다. 아이들에 대한 깊은 사랑과 열정, 끝없이 연구하고 노력하시는 모습을 보며 저는 항상 교육의 초심을 생각하게 됩니다. 그 마음이 미술관 곳곳에 묻어있기에, 우리 아이들은 자란다 미술관 가는 날을 손꼽아 기다리며 무척 좋아한답니다. 이곳에서 아이들은 밀레, 마티스, 쇠라 같은 위대한 화가들의 작품 세계를 체험하고, 숲의 사계절 변화를 온몸으로 느끼며 예술적 감수성과 도전 정신을 함께 키워나갑니다.

2. '우리들 자연학교' - 만여 평 숲속에서 온몸으로 배우는 용기

경기도 일영에 있는 '우리들 자연학교'는 만 평에 달하는 드넓은 자연 속에서 아이들이 마음껏 뛰놀 수 있도록 품을 열어주는 곳입니다. 이곳에서 아이들은 정형화된 활동보다는 사계절의 변화를 온몸으로 느끼며 스스로 놀이를 만들어냅니다.

봄이면 아이들은 흙을 뒤엎고, 씨앗이 자랄 땅의 조건을 체험합니다. 꽃다지의 노란 꽃과 냉이의 하얀 꽃을 비교하며 관찰하고, 민들레 꽃대를 잘라 피리를 불 때 들리는 피리 소리에 즐거워하며 피리 불기 도전에 성공하여 세상이 떠나가라 기뻐하던 세 살 아이

의 눈빛은 아직도 제 마음속에 또렷이 남아있습니다.

여름이면 1급수 맑은 시냇물에서 물장구를 치며 자유를 만끽하고, 가을이면 장작불에 구운 고구마와 밤을 나누며 풍요로움을 배웁니다. 겨울, 꽁꽁 언 냇가에서 썰매를 탈 때면 아이들은 진짜 겨울을 온몸으로 느낍니다.

트리 하우스에 올라 자연을 바라보며 휴식하기도 하고 산비탈에 설치된 밧줄 놀이터는 아이들의 용기를 깨우는 무대입니다. 처음에는 두려움에 울먹이던 아이도, 친구들의 응원과 선생님의 손길을 통해 한 걸음씩 나아가고, 마침내 끝까지 올라서면, 아이의 눈은 환한 성취감으로 반짝입니다. 그 순간, 아이는 배웁니다.

"넘어져도 **괜찮**아, 다시 해보면 돼."

그리고 그 문장은 마음 깊숙이 새겨져, 평생을 살아갈 힘이 됩니다. 숲은 아이들에게 말합니다.

"**괜찮**아, 다시 해보자."

조금 서툴러도, 실패해도 괜찮다고. 너의 속도로, 너의 방식으로 나아가도 된다고 다정하게 속삭입니다.

그 품 안에서 아이들은 실패를 두려워하지 않고 도전하고, 자신만의 방법으로 해답을 찾아갑니다. 그리고 그 모든 과정은 아이의 마음속에 단단한 믿음을 심어줍니다. "나는 다시 일어설 수 있어."

우리 아이들이 넘어지고 실패하더라도, 숲이라는 가장 멋진 교실에서 다시 도전하고 회복하는 힘을 키울 수 있기를 바랍니다. 그 숲에서 아이들은 자신도 몰랐던 용기와 지혜, 그리고 자신을 믿는 마음을 발견하며 눈부시게 성장할 것입니다. 도전하고 회복하는 힘을 키울 수 있기를 바랍니다. 그 숲에서 아이들은 자신도 몰랐던 용기와 지혜, 그리고 자신을 믿는 마음을 발견하며 눈부시게 성장할 것입니다

3-5. 숲에서 심미적 감성 역량을 발견하다
자연의 모든 것은 음악이 됩니다

숲은 아이들의 감각을 깨우고 예술적 감수성을 키우는 살아 있는 교실입니다. 그 안에서 아이들은 자연과 대화하고, 자신을 표현하며, 서로를 이해하는 법을 배웁니다. 그리고 무엇보다, 자연의 아름다움을 가슴 깊이 느낄 수 있는 심미적 감성 역량의 뿌리를 내리게 됩니다.

독일 숲 연수 자연물 연주회(지휘자 : 필자)

숲은 단순히 나무와 풀이 자라는 공간이 아닙니다. 그것은 마치 살아 있는 하나의 교향곡처럼, 인간에게 무한한 영감과 치유를 선물하는 생태계입니다. 그 속에서 우리는 잠자고 있던 감성을 깨우고, 삶을 예술로 바라보는 눈이 뜨게 됩니다. 숲은 우리에게 조용히 말합니다.

"여기, 자연의 모든 것이 음악이 될 수 있어요."

독일 숲 학교에서의 예술 교육 프로그램은 그러한 숲의 속삭임을 온몸으로 경험할 수 있었던 귀한 시간이었습니다. 자연물을 활용한 다양한 활동은 숲이 얼마나 풍요로운 예술의 원천이 될 수 있는지를 보여주었고, 동시에 우리의 심미적 감성 역량을 확장해 주었습니다.

자연의 소리가 악기가 되다: 청각적 감성의 발견

가장 인상 깊었던 활동 중 하나는 바로 자연물을 활용한 즉흥 연주회였습니다. 아이들과 함께 반경 내의 숲을 거닐며 저마다 소리를 낼 수 있는 자연 재료를 수집했습니다. 마른 나뭇가지, 작고 매끄러운 돌멩이, 바스락거리는 낙엽, 그리고 솔방울까지. 그 어떤 것도 음악의 재료가 될 수 있었습니다. 어떤 아이는 나무 기둥을 돌멩이로 부딪쳐 소리를 내고, 어떤 아이는 억새풀을 스치는 소리로 리듬을 만들었습니다.

교사가 지식을 전달하기보다, 아이들이 스스로 발견하고 선택하게 하는 이 방식은 두뇌를 자극하고 자율성을 길러주는 과학 기반의 교수법입니다. 저 역시 솔방울 하나와 나무 막대기를 선택했습니다. 서로 다른 재료에서 나는 소리, 그리고 그 조합은 상상 이상이었습니다.

연주는 간단한 규칙으로 진행되었습니다. 지휘자가 손을 올리면 연주가 시작되고, 내리면 멈춥니다.

독일 숲에서 수업 활동 시 지휘자로 뽑혀 손짓 하나로 연수 참가자 연주를 이끄는 경험을 했습니다. 나뭇가지가 부딪히는 경쾌한 소리, 돌멩이가 구르는 묵직한 소리, 낙엽이 스치는 부드러운 소리가 어우러져 숲은 어느새 우리만의 오케스트라가 되었습니다.

그 순간, 평소라면 스쳐 지나갔을 자연의 소리가 예술로 태어나는 기적을 목격했습니다. 이는 단순한 청각 경험을 넘어, 소리의 질감과 울림을 느끼고 해석하는 심미적 감성의 확장이었습니다.

연주를 마친 후 독일 선생님이 물었습니다. "어떤 느낌이었나요?" 문득 돌아보았습니다. 우리는 아이들에게 '어땠는지' 느낌을 물어보는 교육을 하고 있었나? 우리는 그동안 어떤 행위 보이는 것에만 교육을 집중하고 있었던 것 같고 아이들의 느낌과 감성, 보이지 않는 부분에 대한 것들에 대해 아이들의 마음을 들여다보지 못하고 있지 않았나 깊이 생각하는 시간이었습니다. 지휘자의 자리에서 친구들의 소리를 끌어낸 그 시간은 저에게도 깊은 행복과 자신감을 안겨준 소중한 순간이었습니다.

독일 숲에서 배운 활동을 우리 아이들과도 수업해 보았습니다. 아이들은 기발한 아이디어로 자신만의 악기를 만들고, 앞다투어 지휘자가 되고 싶어 했습니다. 자연은 그들에게도 여전히 최고의 교사였습니다. 악기를 스스로 찾고 선택하게 하는 것 그리고 협력하여 음악을 만들어내고 아이의 자존감까지 높여 주는 숲에서의 예술 교육은 정말 감동을 주는 수업 활동이었습니다.

자연물로 배우는 박자: 음악적 감각을 몸으로 익히다

이어서 진행된 활동은 자연물을 이용해 박자를 익히는 놀이였습니다. 음표가 그려진 카드 위에 도토리, 밤, 땅콩 등을 올려놓고, 그것을 손뼉치기나 발 구르기 등으로 표현해 보는 방식이었습니다. 열매의 크기, 무게, 촉감이 박자와 연결되며, 아이들은 눈에 보이는 음표를 몸으로 경험했습니다.

1박자는 발 구르기 한 번, 2박자는 손뼉 두 번, 온음표는 손뼉 한 번과 함께 손으로 원을 그리는 긴 음표를 표현하는 방식이었습니다. "1박자 = 사과 한 개"처럼 주입식으로 배웠던 제 어린 시절과는 다른, 유치원 아이들에게 몸으로 박자의 개념을 익힐 수 있는 훨씬 생생하고 유의미한 배움의 방식이었습니다.

박자 카드를 자유롭게 배열하여 자신만의 리듬을 만들고 연주하는 시간은 아이들에게 창의력과 음악에 대한 흥미를 심어주었습니다.

눈을 감고 느끼는 자연: 촉각적 감성의 확장

또 하나 기억에 남는 활동은 촉감 놀이였습니다. 두 명이 짝을 이루어 한 명은 눈을 감고, 다른 한 명은 숲에서 다섯 가지 자연물을 채집해 친구의 손에 쥐여 주는 방식입니다. 눈을 감고 손끝으로만 자연물을 느끼는 과정은 새로운 세계를 여는 열쇠와 같았습니다.

까끌까끌한 솔방울, 부드러운 이끼, 차가운 조약돌, 바스락거리는 낙엽, 촉촉한 흙. 손끝으로 전해지는 감각은 시각보다 더 진실하고 깊이 있었습니다. 우리 부모님과 아이들에게 독일 숲 학교에서 배운 활동들을 적용해 보았는데 이 활동은 아이들뿐만 아니라 학부모에게도 큰 인기를 끌었습니다. 눈을 감고 자연물을 맞히는 그 과정에서, 모두가 아이처럼 웃고 몰입했습니다.

3세 미만의 활동은 손에 쥐여 주는 방식으로, 4세 이상은 손바닥 위에서 스치는 자극을 느끼고 맞히는 방식으로 조금 더 섬세하게 진행할 수 있습니다. 이 활동은 단순한 촉감 확인을 넘어, 자연과 깊은 교감을 가능하게 합니다. 눈을 감으면 마음이 열리고, 손끝은 더 많은 이야기를 들려줍니다.

이처럼 숲은 단순한 공간이 아니라, 아이들의 감각을 깨우고 예술적 감수성을 키우는 살아 있는 교실입니다. 그 안에서 아이들은 자연과 대화하고, 자신을 표현하며, 서로를 이해하는 법을 배웁니다. 그리고 무엇보다, 자연의 아름다움을 가슴 깊이 느낄 수 있는 심미적 감성 역량의 뿌리를 내리게 됩니다.

3-6. 작은 생명과의 교감
숲에서 배우는 존중과 더불어 사는 마음

숲은 아이들에게 살아 있는 생명을 존중하고, 더불어 살아가는 지혜를 일깨워 주는 교실입니다. 풀 한 포기, 나무 한 그루, 작은 벌레 하나도 아이에겐 소중한 친구가 됩니다.

4세 반 민들레 친구들 그림책 표상 활동

숲은 아이들에게 살아 있는 모든 존재와 마음을 나누는 법을 가르쳐 주는, 가장 따뜻하고 아름다운 교실입니다. 초록빛 나뭇잎 사이로 스며드는 햇살, 발밑에서 전해지는 부드러운 흙의 감촉, 지저귀는 새소리와 향긋한 꽃내음 속에서 아이들은 자연 일부임을 온몸으로 느낍니다. 이러한 경험을 통해 생명의 소중함과 더불어 살아가는 지혜를 자연스럽게 배워갑니다. 아이들이 숲속의 작은 생명과 교감하며 '생명 존중'의 마음을 어떻게 키우는지, 그리고 '공존'의 가치를 어떻게 체득하는지를 다양한 이론과 실제 활동을 통해 살펴보고자 합니다.

요정이 남긴 미션 - 숲속 보물찾기 놀이
'요정이 필요한 물건 찾기'는 아이들이 자연을 주의 깊게 관찰하고, 작은 것에도 의미를 부여하며 상상력을 키울 수 있도록 도와주는 활동입니다. 아래와 같이 미션 목록을 이야기해 주고 요정이 필요한 것을 숲에서 찾아오도록 하고 왜 이 물건을 찾아왔는지 이야기 나눕니다.

미션 목록
가벼운 것
동그란 것
요정이 침대로 쓸 수 있는 부드러운 것
숲에서 놀다 온 신발을 털어낼 재료
숲에서 연주할 수 있는 악기
요정이 숲에서 잃어버린 것
요정이 우리에게 선물하고 싶은 것

이 활동을 통해 아이들은 자연 속에서의 '관찰력', '감성', '상상력'을 동시에 자극받으며, 자연물 하나하나에 의미를 부여하는 감수성을 키워갑니다.

1. 숲에서 만나는 작은 생명
- '생명 외경(Reverence for Life)'의 씨앗

아이들이 숲에서 마주하는 작은 생명, 예를 들면 개미 한 마리, 풀잎 위 무당벌레, 꿈틀거리며 지나가는 지렁이, 햇볕을 향해 자라는 어린나무는 아이들에게 경이로움과 성찰의 기회를 줍니다. 우리 유치원 텃밭에서도 아이들은 애벌레, 벌, 나비를 관찰하며 살아 있는 생명에 대한 흥미와 존중심을 키워갑니다. 우리 유치원 정원에는 다양한 나무가 있어 새들이 자주 찾아오며, 아이들은 그 노랫소리에 귀를 기울이고, 눈을 반짝이며 관찰합니다.

강낭콩 심기에서 배우는 성장의 다양성

정원 기반 교육으로 생명을 양육해 보는 우리 원의 활동은 매년 아이들과 함께 식물의 한해살이를 관찰하기에 좋은 강낭콩 씨앗 심기 활동합니다. , 같은 그릇, 같은 장소에서 자라더라도 새싹이 나오는 시기가 모두 다릅니다. 어떤 씨앗은 빨리, 어떤 씨앗은 느리게 싹을 틔웁니다. 이 경험을 통해 아이들은 각자 성장의 속도가 다르고, 모양이 다르다는 것을 자연스럽게 깨닫게 됩니다. 이 이야기를 교사들에게 자주 들려줍니다. "우리 반 아이들도 저마다 속도와 방식이 다르다는 것을, 자연이 가르쳐줍니다. 그러니 기다려 주고, 인정해줘야 합니다." 자연은 말없이 가장 깊은 가르침을 전해 줍니다.

살아 있음, 그 자체의 소중함

아침 이슬을 머금고 피어나는 들꽃, 바쁘게 먹이를 찾는 다람쥐, 위험을 피해 풀숲에 숨는 작은 벌레들…. 아이들은 이들을 지켜보며 '살아 있음' 그 자체가 얼마나 경이로운지를 느낍니다.

철학자이자 의사였던 알베르트 슈바이처 박사(Albert Schweitzer)는 '생명에 대한 외경(Reverence for Life)'이라는 개념을 강조했습니다. 모든 생명은 신성하며, 서로 연결되어 있다는 그의 말은 아이들의 숲속 경험과도 깊이 연결됩니다.

아이들은 이론 없이도, 작고 여린 생명 앞에서 조심스러워지고, 말을 아끼며, 생명의 가치를 '마음으로' 배웁니다.

바이오필리아(Biophilia) - 생명을 향한 본능적인 끌림

하버드대 생물학자 에드워드 윌슨(Edward Wilson) 교수는 인간에게는 자연과 생명체에 본능적으로 끌리는 성향, 즉 '바이오필리아(Biophilia)'가 내재하여 있다고 말했습니다.

우리 아이들이 꽃을 만지고, 개미를 쫓고, 동물에 관심을 두는 것은 이 본능의 자연스러운 표현입니다. 숲 교육은 아이들 안에 이미 존재하는 이 생명 사랑의 본능을 자극하고 성장시켜, 자연스럽게 존중과 배려의 마음으로 이어지게 합니다.

서로 돕고 의지하는 생명 네트워크

키 큰 나무는 작은 식물에 그늘을 제공하고, 떨어진 낙엽은 흙으로 돌아가 영양분이 됩니다. 꿀벌은 꿀을 얻는 동시에 꽃가루를 퍼뜨려 식물이 열매를 맺게 합니다. 이러한 관계 속에서 아이들은 자연이 말없이 전하는 메시지를 받아들입니다.

"나는 혼자가 아니야. 우리는 함께 살아가고 있어."
이는 인간 사회에서의 협력과 배려를 이해하는 기초가 됩니다.

특별한 여름방학 책 만들기,
민들레 친구들 『곤충 도감 여름방학 책』 만들기

여름방학을 앞두고, 5세 반 아이들과 함께 우리 원만의 아주 특별한 여름방학 책을 만들었습니다. 그림책 《민들레 친구들》을 들려주고 식물과 곤충의 공생 관계에 관해 이야기 나누었습니다.

책 내용 요약:

진딧물이 새싹에 끼자, 무당벌레가 와서 먹고, 노린재는 즙을 빨아 먹다가 사마귀가 나타나 도망갑니다. 민들레에는 나비와 벌이 찾아와 꿀을 먹고 꽃가루를 옮겨 꽃씨가 생겨납니다.

아이들은 곤충을 관찰하고 직접 그림을 그려 특별한 『곤충 도감 여름방학 책』을 만들어 3~4세 동생들에게 선물했습니다. 마치 곤충과 식물이 서로 돕듯, 형님 아이들이 동생들을 위해 활동 북을 선물한 것이지요. 전달식도 정성껏 진행했고, 동생들을 안아주고 등을 토닥이며 사랑을 전했습니다.

숲, 살아 있는 모든 것과 친구가 되는 교실

숲은 아이들에게 살아 있는 생명을 존중하고, 더불어 살아가는 지혜를 일깨워 주는 교실입니다. 풀 한 포기, 나무 한 그루, 작은 벌레 하나도 아이에겐 소중한 친구가 됩니다.

오늘, 아이의 손을 잡고 가까운 숲으로 걸어가 보세요. 아이가 그곳에서 만나는 작은 생명과 어떤 이야기를 나누는지, 어떤 눈빛으로 세상을 바라보는지 조용히 지켜봐 주세요.

그 숲에서의 따뜻한 교감과 배움이, 아이를 가슴 따뜻한 사람으로 자라게 할 것입니다.

5세 반 아주 특별한 『곤충 도감 여름방학 책』

3-7. 봄, 여름, 가을, 겨울
사계절 숲의 변화와 함께 자라는 아이의 마음

자연의 흐름 속에서 아이는 자랍니다.
숲 교육은 아이들에게 자유와 기쁨, 그리고 살아 있는 생명을 향한 존중과 감동을 전해 주는 참된 교육입니다.

직접 키운 무와 배추로 진행한 미용실 놀이(바우하우스 놀이터)

숲은 계절마다 다른 얼굴을 보여주는 살아 있는 교실입니다. 이곳에서 아이들은 자연의 순환과 생명의 리듬을 온몸으로 느끼며, 정서적으로 더욱 풍요롭고 깊이 있는 존재로 성장합니다. 숲 교육은 아이들에게 자유와 기쁨, 그리고 살아 있는 생명을 향한 존중과 감동을 전해 주는 참된 교육입니다.

봄 - 새싹처럼 피어나는 희망

우리 유치원 마당에 노란색 산수유 꽃망울이 피면 다시 새 봄님이 오신 걸 알게 됩니다. 조금 후에는 자목련, 벚꽃, 살구꽃, 복숭아꽃 명자꽃….. 우리 유치원 정원을 또다시 풍성하게 만들어줍니다. 겨울잠에서 깨어나 연둣빛 새싹과 여린 꽃망울로 아이들을 반겨주는 것이지요. 해마다 이 꽃들을 마주하며 감사함을 느낍니다.

땅을 뚫고 올라오는 작은 생명을 보며 아이들은 경이로움을 느끼고, 따스한 햇볕과 부드러운 바람 속에서 희망과 설렘을 배웁니다. 겨우내 움츠렸던 몸과 마음은 다시금 활짝 피어나며, 새로운 시작의 에너지를 얻는 시기입니다.

새들의 노랫소리, 졸졸 흐르는 시냇물의 청아한 음률은 아이들의 감각을 일깨우고, 맑고 깨끗한 감성을 키워줍니다.

여름 - 생명력 속에서 뛰노는 자유

짙푸른 녹음으로 가득한 여름 숲은 생명의 에너지로 충만합니다.

아이들은 숲 그늘에서 시원함을 느끼고, 다양한 곤충과 식물을 관찰하며 자연의 다양성과 생태의 풍요로움을 체험합니다. 갑작스레 내리는 소나기와 천둥번개는 자연의 역동적인 힘을 가르쳐 주고, 흙냄새와 풀 내음은 생생한 감각 기억으로 남습니다.

이 시기, 아이들은 숲에서 자유롭게 뛰놀며 신체 에너지를 마음껏 발산하고, 자연의 강인함을 내면화하게 됩니다.

가을 - 아름다움 속에서 배우는 감사

가을이 오면 숲은 울긋불긋한 단풍으로 물들고, 아이들은 변화하는 자연의 풍경 속에서 깊은 서정성을 체험합니다.

바스락거리는 낙엽을 밟고 도토리, 밤 같은 열매를 주우며 수확의 기쁨과 자연의 섭리를 배웁니다. 높고 푸른 하늘 아래 숲길을 걷다 보면, 사색의 즐거움과 함께 한 해의 결실에 감사하는 마음이 피어납니다.

가을의 짧지만 풍요로운 풍경은 아이들의 감성에 깊은 울림을 남깁니다.

겨울 - 고요함 속에서 배우는 기다림과 존중

겨울 숲은 고요하지만, 생명의 숨결은 여전히 살아 있습니다.

겨울이 되면 여러 가지 색깔로 털실로 제가 짠 나무 털실 옷을 우리 아이들은 구부러지는 끈을 이용해 유치원 정원 나무의 겨울옷을 입혀 준답니다. 얼기설기 매우 허술해 보이지만 정성을 다하며 겨울옷을 입혀 주는 아이들의 모습에 감동이 됩니다. 봄부터 겨울 계절까지 나무와 식물을 관찰하고 키우고 돌보는 일들을 아이들 스스로 경험하고 해볼 수 있는 체험을 다양하게 제공하여 스스로 해내는 아이들이 되도록 교육하고 있습니다.

앙상한 나뭇가지에 핀 눈꽃, 차가운 바람 사이로 느껴지는 자연의 또 다른 얼굴은 아이들에게 인내와 기다림의 가치를 가르쳐줍니다. 동물들의 겨울나기를 상상하며 생명을 존중하는 마음을 키우고, 눈 위에 남긴 발자국은 자신과 마주하는 특별한 시간을 선사합니다.

우리 아이들의 사계절 숲 체험활동 이야기
나들이하며 크는 아이들 지역사회 연계 활동

우리 유치원 아이들은 가까운 월드컵공원의 풍부한 자연 속에서 계절마다 특별한 숲 체험활동에 참여하고 있습니다.

마포구 매봉산, 상암산, 월드컵공원 숲 체험장에서 전문가 선생님과 함께하는 사계절 숲 교육은 아이들의 몸과 마음에 깊은 자양분이 됩니다.

봄에는 매봉산 숲길에서 새싹을 발견하고, 상암산에서 피어나는 꽃망울을 만지며 생명의 경이로움을 직접 느낍니다.

여름에는 짙은 숲 그늘에서 곤충과 식물을 관찰하며 오감을 자극하는 놀이가 펼쳐집니다.

가을에는 단풍 속에서 수확의 기쁨을 배우고, 사색의 시간 속에 감사하는 마음을 기릅니다.

겨울에는 고요한 숲길을 따라 자연의 인내와 순환을 배웁니다.

텃밭에서 키운 채소, 정성과 함께 자라다.
4월, 아이들은 유치원 텃밭에 직접 씨앗과 모종을 심습니다.

시간이 흐르며 오이, 호박, 고추, 상추 같은 유기농 채소들이 무럭무럭 자라고, 수확의 기쁨은 '바비큐 파티'로 이어집니다. 바구니에 상추를 직접 따고, 깨끗이 씻은 채소를 조리사 선생님이 숯불에 구운 고기와 함께 준비해 야외 가든파티를 엽니다.

5세 아이는 유치원 텃밭 상자에서 방금 따온 오이를 맛보며 말했습니다.

"원장님, 오이에서 행복한 맛이 나요!"

상추 수확하기 체험한 후 다음 날 5세 반 교실에서 만난 한 아이가 저에게 다가와 "어제 상추 따기 너무 재미있었어요"라고 이야기를 해줄 때 저는 너무 행복했습니다. 주말에도 식물들이 시들지 않도록 출근해서 식물들을 보살피는 수고로움이 있었습니다.

5세 신입 아이로 우리 유치원을 3개월 다닌 아이 말 한마디에, 그동안의 수고로움이 보람으로 바뀌었습니다.

텃밭에서 자란 채소들은 마트에서 사 온 것과는 비교할 수 없을 만큼 싱싱하고 깊은 맛을 지닙니다. 올해 바비큐 파티를 하는데 5세 여자아이가 상추에 고기를 예쁘게 싸서 제 입에 넣어 주는 모습을 보고 너무 감동되었습니다. 아이들의 이런 따뜻한 마음과 사랑을 받은 그날의 감동과 기쁨은 평생 잊지 못할 거 같습니다. 얘들아 정말 정말 고마워!

가을의 밭에서 배우는 생명과 창의성

8월 말, 아이들은 가을을 준비하며 무와 배추 모종을 심습니다.

배추에 생기는 애벌레나 달팽이조차 아이들에겐 신기한 자연 친구가 됩니다. 배추가 어느 정도 자라면 형님 반 아이들이 포기 배추를 만들기 위해 줄기를 묶는 활동을 합니다. 수확한 무와 배추는 커다란 함지에 담아 씻고, 김치를 담그고, 배추전을 만들어 먹는 요리 활동으로 이어집니다.

그뿐만 아니라, '바우하우스 놀이'에서는 무와 배추를 이용해 미용실 놀이도 합니다.

화분에 눈, 코, 입을 붙여 얼굴을 만들고, 가위를 이용해 식물의 '머리'를 다듬는 창의적인 활동은 아이들에게 큰 즐거움이자 집중의 시간이 됩니다.

아이들이 스스로 시간을 들여 노력해 얻은 결과물은 무엇보다 소중합니다.

직접 심고 가꾼 채소들은 단순한 식재료가 아닌, 정성과 애정이

깃든 추억이자 배움의 결정체입니다. 시장에서 산 채소와는 확연히 다른 '가치'가 있습니다. 수고로움이 있어야 진짜 성장이 있습니다.

1g의 경험이 1t의 지식보다 낫다 – 체험에서 피어나는 배움

철학자 존 듀이의 말처럼, "1g의 경험이 1t의 지식보다 낫다"라는 신념으로 저는 오늘도 아이들이 더 많은 것을 직접 경험할 수 있도록 교육 현장에서 노력하고 있습니다.

아이들에게 자연과 함께하는 시간은 가장 깊고 오래 남는 배움입니다.

오늘도 숲으로, 텃밭으로 나아갑니다. 아이들이 흙을 만지고, 기다림을 배우고, 작은 수고로 큰 기쁨을 얻는 과정을 통해 정서와 감성이 자라고 있습니다.

4월 모종을 심어 가꾼 상추 수확 활동 및 유기농 채소 바비큐 파티 행사

3-8. 숲에서 길어 올린 생명의 지혜, 아이 삶의 밑거름 된다.

"꽃과 나무를 가꾸는 것은 심지를 굳게 하고, 덕성을 기르기 위함이다." 《양화소록》 중에서

4세 반 로제트 식물 관찰 활동

숲에서의 경험이 우리 아이들의 삶에 어떤 궁극적인 의미가 있으며, 평생을 살아가는데 어떻게 든든한 '삶의 밑거름'이 될까요? 숲에서 길어 올린 생명의 지혜란 과연 무엇일까요?

그것은 단순히 자연에 대한 지식을 많이 아는 것을 넘어섭니다. 숲이 아이들에게 전해 주는 진짜 지혜는, 세상을 따뜻한 시선으로 바라보고, 어려움 앞에서도 쉽게 좌절하지 않으며, 다른 생명과 더불어 살아가는 태도와 마음가짐입니다.

이러한 지혜는 제가 수십 년간 아이들과 함께 숲에서 호흡하며 실천해 온 다양한 교육 경험 속에 고스란히 담겨 있다고 믿습니다.

1. 우리 동네 숲에서 피어나는 '함께 성장하는 공동체의 지혜'

매봉산, 상암산, 월드컵공원 숲 체험활동을 중심으로 제가 숲 교육에서 중요하게 여기는 가치 중 하나는, 아이들이 자신이 살아가는 지역사회와 자연에 깊은 애착과 연결감을 가지도록 돕는 것입니다.

먼 곳으로 떠나야만 만날 수 있는 특별한 자연이 아니라, 우리가 매일 마주하는 매봉산, 상암산, 월드컵공원 숲 체험, 홍제천 같은 가까운 숲이야말로 아이들에게는 가장 귀한 배움의 터전이 됩니다.

우리 유치원에서는 자주 지역 숲으로 나가 자연과 일상을 잇는 배움의 시간을 가집니다. 이때 숲 해설가나 생태교육 전문가 선생님이 동행하여, 아이들의 눈높이에 맞춘 이야기로 숲을 살아 숨 쉬는 교실로 바꿔줍니다.

아이들은 풀 한 포기, 나무껍질의 무늬, 작은 곤충 속에서도 자연의 질서와 생명의 신비를 발견하며 배움을 확장해 나갑니다.

북유럽 연수 탐방에서도 도시에 있는 유치원들이 40분 거리의 차를 이용해 숲 자연학교를 정기적으로 수업 활동을 연계하고 있었습니다.

우리 지역에 대한 애정과 이해, 정체성의 뿌리가 된다

매봉산의 계절마다 다른 꽃과 나무를 관찰하며 생명의 주기를 배우고, 상암산의 다양한 지형과 연못에서 수생 생물의 세계를 경험하며, 월드컵공원이 쓰레기 매립지에서 생태 공원으로 변화한 이야기를 들으며, 우리 지역의 역사와 변화, 환경에 대한 책임감을 느끼게 됩니다.

이러한 활동은 '내 고장을 아끼고 가꾸는 마음', 즉 지역 공동체의 일원으로서의 자긍심과 책임감으로 자연스럽게 이어집니다.

일상 속 자연과의 만남이 주는 정서적 안정

주기적인 숲 활동은 자연을 '특별한 날에만 만나는 대상'이 아닌, 일상 속 친구처럼 친근한 존재로 받아들이게 만듭니다. 이는 아이들의 정서 안정과 스트레스 해소에 매우 긍정적인 영향을 줍니다. 실제로 흙에는 '박테리아인 박하인' 성분이 포함되어 있어, 흙을 만지는 것만으로도 면역력 향상에 도움이 된다는 연구 결과도 있습니다.

전문가와 함께하는 깊이 있는 생태 감수성

숲 전문가 선생님은 아이들의 호기심을 자극하는 질문을 던지고, 미처 발견하지 못한 자연의 섬세한 면모를 짚어주며, 생태 원리를 아이들의 언어로 풀어냅니다. 이 과정에서 아이들은 단순한 자연 관찰을 넘어, 보다 체계적이고 깊이 있는 생태 감수성과 인지적 사고력을 키워갑니다.

1. 더불어 배우며 자라는 사회성의 싹

함께 숲길을 걷고, 서로의 발견을 공유하며, 때로는 작은 문제를 협력해 해결하는 과정은 자연스럽게 협동심과 배려심을 기르는 장이 됩니다.

숲은 아이들에게 살아 있는 사회성의 교실이 되어줍니다.

2. 지역사회와 함께 가꾸는 숲, '더불어 사는 공동체의 지혜'

오랜 시간 동안, 아이들과 함께 우리 마을의 지리적 특성과 환경을 살려 '지역사회 연계 숲 활동'을 꾸준히 펼쳐왔습니다. 계절마다 함께 모여 낙엽을 줍고, 쓰레기를 정리하며 작지만 의미 있는 실천을 이어갑니다. 처음에는 작은 손으로 무엇을 할 수 있을까 싶지만, 아이들은 곧 자기 행동이 환경을 깨끗하게 만들고, 우리가 함께 살아가는 공간을 아름답게 바꾸어 간다는 것에 큰 자부심을 느끼게 됩니다. 이러한 활동을 통해 아이들은 자연스럽게 '공동체 의식'과 '시민으로서의 책임감'을 배우고, 숲이 단지 나만의 놀이터가 아니라 우리 모두의 소중한 공간임을 깨닫게 됩니다. 이는 아이들이 앞으로 사회의 구성원으로 살아가며 타인과 협력하고, 공동의 목표를 위해 함께 노력하는 지혜의 중요한 밑거름이 됩니다.

3. 세계의 숲에서 배운 보편적 가치

열린 마음과 다양성 존중의 지혜

독일, 북유럽, 영국 등 세계 여러 나라의 숲 교육 현장을 방문하며 제가 발견한 가장 공통된 가치는, 아이 한 명 한 명을 존엄한 존재로 존중하고, 그들의 자율성과 개성을 마음껏 펼칠 수 있도록 돕는다는 점이었습니다.

각국의 문화와 교육 방식은 달라도, 자연 앞에서 아이들이 스스로 탐구하고 실패를 두려워하지 않으며, 친구들과 협력하며 배우는 모습은 어디에서나 빛나고 있었습니다.

이 경험을 통해 저는 "교육에 정답은 없으며, 다양한 가치를 포용하는 열린 마음이 중요하다"라는 교훈을 깊이 새겼고, 우리 아이들에게도 '세상을 넓은 시야로 바라보는 힘'을 전하고 싶었습니다.

다른 문화를 존중하고, 다양한 생각을 수용하며, 변화 앞에서도 두려움 없이 새로운 것을 배우려는 열린 마음과 다양성에 대한 존중은, 미래 사회를 살아가는 데 꼭 필요한 자질입니다.

4. 유치원 텃밭에서 배우는 '지속할 수 있는 삶의 지혜'
탄소중립 ESG 교육 실천 사례

"꽃과 나무를 가꾸는 것은 심지를 굳게 하고, 덕성을 기르기 위함이다."《양화소록》 중에서

도시 속에 자리한 우리 유치원은 계절마다 꽃이 피고 열매가 맺히는 다양한 유실수와 다양한 종류 나무로 채워진 정원을 갖추고 있습니다. 3층 건물 높이에 이르는 회화나무를 비롯해, 아이들은 매일 유치원 마당에서 계절의 변화를 관찰하며 자연의 시간과 함께 호흡합니다. 우리는 작은 텃밭을 가꾸며 '탄소중립 정원 기반 교육'을 지속해서 실천하고 있습니다. 아이들은 우리가 먹는 음식이 어디에서 오는지, 식물이 자라기 위해 무엇이 필요한지를 배우는 것을 넘어, 음식물 쓰레기를 줄이고 퇴비를 만들어 흙으로 되돌리는 '자연의 순환'을 몸소 경험합니다.

비록 '탄소중립'이라는 개념은 다소 어려울 수 있지만, "우리가 지구를 덜 아프게 하려면 어떻게 해야 할까?"라는 질문을 함께 나누며, 음식을 남기지 않고, 쓰레기를 줄이고, 제철 음식을 가까운 곳에서 구매하는 등의 실천을 통해 지속할 수 있는 삶의 의미를 자연스럽게 익혀갑니다. 이러한 경험은 단지 자연을 사랑하는 마음을 넘어서, 환경을 보호하고 미래 세대를 생각하는 지혜로운 시민으로 성장하는 밑거름이 됩니다.

나들이 하며 크는 아이들 (숲 체험활동)

Big
PICTURE
삶을 설계하는 시간
유아기 큰그림 교육

4장.
그림책은 두뇌를 춤추게 한다:
이야기로 여는 창의성의 문

4-1. 내 손안의 작은 우주, 그림책
100권의 '보물 씨앗'을 발견하기까지

책을 좋아하는 아이, 세상을 따뜻하게 살아가는 힘을 갖습니다.
독서 교육은 아이들의 창의성과 인성을 길러주며, 다음과 같은 중요한 능력을 키워줍니다.

독해력과 문해력 향상
다양한 지식 습득과 이해력 향상
말하기 능력, 상상력, 문제 해결력 증진하게 시켜 줍니다.

우리 유치원 교육 철학은 다음 네 가지 핵심 가치에 기반합니다.

1. 관찰을 통한 '보는 눈'과 '생각하는 힘'을 길러주는 교육
2. 숲과 자연 속 경험을 통해 심미적 감성 역량을 키우는 교육
3. 그림책을 활용한 창의성과 인성 교육
4. 행동 중심의 자기 주도 프로젝트 교육

그중에서도 '그림책을 활용한 교육'에 대해 많은 부모님께서 높은 관심을 가지고 계십니다.

아이들이 책을 좋아하도록 돕는 방법은 무엇일까요?

지혜는 책 속에 담겨 있으며, 책을 많이 읽은 아이는 세상에 대한 깊은 통찰을 지닌다는 것을 우리는 알고 있습니다.

이번 장에서는 우리 유치원에서 그림책을 어떻게 교육적으로 적용하고 있는지, 그리고 제가 좋은 그림책을 만나는 여정을 통해 어떤 통찰을 얻게 되었는지 공유해 드리고자 합니다.

그림책 속 작은 손안의 우주

아이의 손에 들려있는 그림책 한 권. 그 안에는 생각보다 훨씬 넓고 깊은, 신비로운 우주가 담겨 있습니다.

알록달록한 그림과 짧은 문장 속 이야기는 아이를 웃게도, 울게도 하며, 상상의 나래를 펼쳐 미지의 세계로 이끕니다. 유치원에서 오랜 시간 아이들과 그림책을 함께 읽으며, 그림책이 지닌 힘을 느끼며 그림책 활동을 좀 더 잘하고 싶은 생각을 하고 있었는데 그러던 어느 날, 제 교육 인생의 전환점이 되는 운명 같은 만남이 찾아왔습니다.

바로, 그림책을 통해 아이들의 마음 밭에 '보물 씨앗'을 심어주는 교육자, 최영애 박사와의 만남이었습니다. 최영애 박사와의 만남으로 그림책을 공부하고 우리 유치원에서 어떻게 아이들과 부모님과 그림책으로 소통하는 교육을 소개하려고 합니다. 앞으로 나누는 모든 그림책 활동은 최영애 박사의 강의를 듣고 알게 된 강의 내용에서 발췌한 이야기입니다.

그림책, 지혜와 사랑의 씨앗

최영애 박사가 들려주신 그림책 이야기는 마치 마법과도 같았습니다.

그림책 한 권에 지혜의 싹, 공감의 꽃, 창의력의 열매, 세상을 살아갈 용기의 뿌리까지 모두 담겨 있다는 설명은 큰 울림을 주었습니다. 그림책은 단순한 유아용 도서가 아니라, 삶의 철학과 인간 발달에 관한 깊은 이론이 담긴 또 하나의 교과서였습니다.

아이들뿐 아니라 성인에게도 인생을 살아가는 데 필요한 방향과 지혜를 제시하는 놀라운 도구라는 사실에 저는 깊은 감명을 받았습니다.

최영애 박사의 30여 년 교육철학이 응축된 강의를 모두 수강해서 듣고, 아이들의 발달 심리, 뇌 과학, 예술 치료, 문학 이론 등 다양한 분야의 이론들을 쉬운 그림책을 접목하여 보물 씨앗 100개의 조각을 찾아 그림책으로 학자들의 이론을 쉽게 이해할 수 있는 매력의 그림책을 깊이 탐구해 왔습니다.

그 속에는 유아부터 성인까지, 지혜로운 삶을 위한 수많은 본보기가 있었고, 그 공부는 제 삶의 방향을 완전히 바꾸는 전환점이 되었습니다.

삶의 로망에서 교육의 사명으로

한때 저는 60대가 되면 일을 놓고, 여행을 다니며 노년을 보내 겠다는 소박한 꿈을 품고 있었습니다. 그러나 그림책을 통한 교육의 길을 걸으며, 아이들과 책으로 교감하고 삶을 나누는 이 시간이야말로 가장 값지고 행복한 축복이라는 사실을 깨닫게 되었습니다.

학문의 세계는 깊고 넓어, 처음 강의를 들을 땐 낯설고 어려웠습니다.

머릿속이 복잡하고 버겁기도 했지만, 결국 박사님의 교육과정을 모두 수강하고, 이를 현장에서 실천으로 이어갔습니다.

"구슬이 서 말이라도 꿰어야 보배"라는 속담처럼, 좋은 이론도 실천하지 않으면 아무 의미가 없습니다.

매주 각 반 교실을 찾아가 그림책을 들려주는 활동을 꾸준히 이어왔습니다. 여섯 반을 모두 다니며 책을 들려주는 일이 절대 쉽지 않았지만, 아이들과의 만남을 통해 그림책이 주는 교육적 기적을 직접 체감할 수 있었습니다.

숨겨진 보물 지도를 따라

아이들은 매주 들려주는 그림책 이야기를 기다렸고, 졸업식 날에도 "원장님, 오늘도 그림책 들려주세요!"라고 졸랐습니다.

이렇게 성실하게 쌓아온 시간 속에서, 교육자로서의 보람과 기쁨을 가슴 깊이 느낄 수 있었습니다. 어느 날, 아이들이 건넨 편지 속에는 "원장님, 책 들려주셔서 고마워요"라는 말들이 적혀 있었습니다.

그 작은 손으로 꾹꾹 눌러쓴 글 속에는, 아이들과 저 사이에 깊고 끈끈한 사랑의 끈이 이어져 있다는 확신이 담겨 있었습니다.

가정으로 이어지는 그림책의 감동

매주 금요일 그림책을 가정에 대여하여 부모님들도 아이들과 함께 책을 읽을 수 있도록 했고, 1·2학기마다 '좋은 그림책 부모 모임'을 열어 그림책의 감동을 함께 나누는 시간을 가졌습니다. 그 자리는 언제나 따뜻했고, 부모님들 역시 아이와의 책 읽기 시간에서 느낀 감동을 나누며 눈시울을 붉히곤 했습니다.

'보물 씨앗' 그림책이란?

상상력의 씨앗

그림책은 아이의 상상력에 날개를 달아줍니다. 현실에선 불가능한 일들도 그림책 속에서는 마음껏 펼쳐지고, 아이는 그 속에서 자기만의 이야기를 만들어갑니다.

공감의 씨앗

주인공의 기쁨과 슬픔, 두려움과 용기를 함께 느끼며 아이는 타인의 감정을 이해하고, 세상을 따뜻한 시선으로 바라보는 법을 배웁니다.

지혜의 씨앗

아름다운 글과 그림을 통해 새로운 언어와 표현을 익히고, 논리적 사고력과 언어 감각을 자연스럽게 키워갑니다.

용기의 씨앗

이야기 속 주인공이 어려움을 극복해 나가는 과정을 보며 아이는 삶을 살아가는 데 필요한 용기와 신념을 배웁니다.

사랑의 씨앗

부모와 아이가 함께 책을 읽으며 눈을 마주치고 감정을 나누는 시간은, 그 무엇과도 바꿀 수 없는 깊은 정서적 유대감을 만들어냅니다.

그림책, 아이의 삶을 키우는 가장 따뜻한 교육

이렇게 그림책과 깊은 만남은 저의 교육 철학을 송두리째 바꾸어 놓았습니다.

그림책은 더 이상 단순한 유아용 도구가 아닙니다. 그것은 아이의 내면에 숨어있는 가능성을 깨우고, 지혜로운 생각과 따뜻한 마음을 키워주는 가장 다정한 교육의 도구입니다.

그리고 이 확신은 지난 10년 동안 우리 유치원에서 아이들에게 매주 정성껏 그림책을 들려주고, 부모님과 함께 그 가치를 나누는 그림책 교육을 지속할 수 있었던 가장 큰 원동력이 되었습니다.

이제 그 놀라운 여정에, 부모님도 함께하시기를 진심으로 초대합니다.

우리 아이들의 삶을 더욱 풍요롭게 하고, 부모로서의 여정을 더욱 따뜻하게 만들어줄 지혜의 '보물 씨앗', 저와 함께 찾아보시지 않겠어요?

그림책 들려주기 활동에 아이들이 보내준 감사 편지

4장. 그림책은 두뇌를 춤추게 한다

4-2. "뇌가 춤을 춰요!"
그림책 속 이야기와 그림이 만드는 행복한 두뇌 혁명

"독서백편의자현(讀書百遍義自見)"
"어려운 글도 백 번 읽으면 그 뜻이 저절로 보인다."
반복해서 들려주기는 확실한 기억이 됩니다.

5세 『나만의 그림책』 표지 디자인하기 활동

최영애 박사와 그림책 교육을 깊이 공부하면서, 강의 내용 중 감명 깊었던 강의 내용을 함께 나누고자 합니다. 강의 내용 중 '그림책과 두뇌 발달의 관계' 뇌 과학'에 관한 공부로 이어졌습니다. 뇌 과학을 알면 알수록, 유아기의 뇌 발달이 얼마나 섬세하고 결정적인 시기인지를 깨닫게 되었습니다.

아이들의 작고 귀여운 머릿속에서는 매 순간 기적 같은 변화가 일어나고 있습니다. 바로 세상을 배우고 이해하며 폭발적으로 성장하는 뇌의 작용입니다.

특히 3세까지 아이의 뇌는 성인의 약 80%까지 발달하며, 이 시기의 경험은 아이의 평생 학습 능력, 정서적 안정, 그리고 인생 전반의 밑그림을 좌우합니다. '될성부른 나무는 떡잎부터 알아본다'라는 속담처럼, 초기 뇌 발달의 중요성은 다양한 연구를 통해 과학적으로도 입증되고 있습니다.

3세의 뇌 건강, 인생을 결정하다

미국 듀크대학교, 영국 킹스칼리지 런던, 뉴질랜드 오타고대학교의 공동 연구진이 36년간 1,000여 명을 추적 조사한 결과, 세 살 무렵의 뇌 건강 상태가 성인이 된 후의 삶의 질과 사회적 기여도에 큰 영향을 미친다는 사실이 밝혀졌습니다.

특히 3세 인지 능력 검사에서 충동적이고 산만한 성향을 보이며 뇌 건강이 하위 20%였던 아이들이, 성인이 되어 사회복지, 의료, 형벌 등 전체 사회적 비용의 약 80%를 차지했다는 결과는 유아기 뇌 발달이 얼마나 중요한지를 강력하게 보여줍니다.

사랑과 학대, 뇌 구조를 바꾸다

미국 텍사스 아동병원의 브루스 페리 교수는 사랑과 학대가 아기의 뇌에 어떤 극명한 차이를 만들어내는지를 실제 뇌 스캔 사진으로 보여줍니다.

사랑받고 보호받으며 자란 아이의 뇌는 풍부하고 건강하게 발달하는 반면, 방임과 학대 속에서 감각 박탈을 겪은 아이의 뇌는 성장 속도가 느려지고, 뇌실이 커지며 피질이 위축되는 등 구조적 손상이 발생할 수 있습니다.

이러한 손상은 집중력 저하, 기억력 감퇴, 발달 지연은 물론 정서 발달에도 심각한 영향을 미쳐 성인이 되어도 건강한 관계 형성이 어려워질 수 있습니다.

또한, 부모가 아이를 심하게 흔들 때 발생하는 '흔들린 아기 증후군'은 뇌세포와 혈관을 손상해 심각한 후유증을 남길 수 있습니다.

뇌가 행복하게 자라려면?

아이의 뇌는 우리가 생각하는 것보다 훨씬 더 섬세하고 예민합니다. 특히 만 6세 이전, 아이가 경험하는 양육 환경은 뇌 구조 형성에 결정적인 영향을 미칩니다.

더욱이 한 번 지연된 뇌 발달은 이후 아무리 좋은 환경을 주어도, 정상적으로 성장한 뇌를 따라잡기 어렵다는 연구 결과도 있습니다. 그렇다면 우리는 아이의 뇌를 어떻게 건강하고 행복하게 키울 수 있을까요?

핵심은 '풍요로운 기억'입니다

강의 중 추천받은 책은 매우 감동되어 학부모님들에게도 추천해 주었습니다.

"인간이 가진 최고의 자본은 기억이다. 기억을 조정하는 자가 미래를 지배한다." 『메모리 크래프트』, 이국희 교수

기억은 생각의 원천이며, 창의성은 기억 간의 융합과 재조합에서 비롯됩니다. 즉, 기억이 없다면 생각도 존재하지 않습니다.

그래서 부모님들께 자주 말씀드립니다. "생각을 잘하는 아이, 창의적인 아이는 기억이 풍부한 아이입니다."

좋은 대학을 나와도 미래가 보장되지 않는 요즘, 창의적 사고력은 아이의 인생을 결정짓는 중요한 경쟁력이 됩니다. 풍부한 간접 경험과 깊이 있는 기억을 갖춘 아이, 바로 그 아이가 '뇌가 부자인 아이'입니다.

책으로 기억의 자원을 쌓는 아이

뇌가 부자인 아이는 어떤 아이일까요? 이 책은 그 답을 알려줍니다. 제가 학부모 설명회에서 꼭 소개하는 그림책이 있습니다.

바로 피터 스피어의 『야호! 비 온다!』입니다.

이 책은 글자 하나 없이 그림만으로 비 오는 날의 풍경을 담아냅니다. 아이는 책 속에서 비 오는 날의 84가지 활동을 경험하게 됩니다. 빗방울 맺힌 거미줄 관찰하기, 진흙에 발자국 찍기, 비에 젖은 식물 보기, 웅덩이 물 튀기기, 젖은 동물과 숨바꼭질하기, 갠 하늘 바라보기 등입니다.

부모님께 여쭙습니다. 어릴 적 비 오는 날, 여러분은 몇 가지를 경험해 보셨나요? 대부분 열 가지를 넘기기 어렵습니다. 하지만, 이 책은 아이에게 84가지의 비 오는 날의 기억을 선물합니다.

그림책 한 권이 아이의 뇌에 얼마나 많은 감각적 경험과 정서적 기억을 저장할 수 있는지 보여주는 사례입니다. 우리 아이 뇌 폭발

적 발달 시기, 뇌의 자원, 부자의 뇌 환경은 경험을 통한 다양한 자원의 축적인 것입니다.

그림책은 '기억 자본'을 만드는 최고의 도구

그림책은 단순히 글자를 배우고 재미를 주는 도구가 아닙니다.

그것은 아이의 뇌를 다차원적으로 자극하며, 풍요로운 기억을 형성해주는 교육의 결정체입니다.

기억은 감각의 융합

뇌과학자 박문호 박사는 기억을 "외부 세계의 감각 입력으로 뇌가 세계상을 형성하는 과정"이라 정의했습니다. 그림책은 다음과 같은 다중 감각 자극을 제공합니다.

시각: 아름다운 그림, 청각: 부모님의 따뜻한 목소리, 촉각: 책장을 넘기는 손의 감각

이러한 자극은 일화 기억(생생하고 자동적인 기억)을 형성하며, 아이의 뇌에 자신만의 세계 해석 틀을 만들어줍니다.

뇌를 춤추게 하는 그림책의 힘, 신경 커플링 (Neural Coupling)

이야기를 들려줄 때, 부모와 아이의 뇌가 같은 부위에서 동일하게 활성화합니다. 이는 정서적 교감과 몰입, 깊은 이해를 돕는 '공감의 뇌 동기화' 현상입니다.

도파민 분비 촉진

재미있는 이야기, 갈등의 해결, 감동적인 장면은 '행복 호르몬' 도파민을 분비해 아이의 동기와 기억력, 집중력을 높입니다.

기억 기반 행동 유발

박문호 박사는 말합니다. "동물은 감각에서 운동이 출력되지만, 인간은 기억에서 행동이 나온다." 그림책은 아이의 내면에 가치와 감정을 심어주고, 실제 삶에서 바른 행동으로 이어지게 하는 지침이 됩니다.

스스로 배우고 탐색하는 뇌 만들기

강요보다 즐거움이 우선입니다. 그림책을 통한 따뜻한 상호작용은 아이의 뇌가 스스로 문을 열고 세상에 호기심을 갖게 만드는 열쇠입니다.

반복은 최고의 기억 훈련

저는 아이들과 책을 들려줄 때
"독서백편의자현(讀書百遍義自見)"이라는 말을 전해줍니다.
"어려운 글도 백 번 읽으면 그 뜻이 저절로 보인다."

좋은 그림책은 아이가 반복해서 읽을수록 더 큰 의미와 감동을 줍니다. 반복은 기억을 단단하게 하고, 뇌에 깊이 새겨지는 최고의 학습 방법입니다.

그림책은 '두뇌 발달의 보물 상자'입니다

그림책 한 권, 한 권은 우리 아이의 뇌를 건강하게 발달시키고, 아름다운 감성과 상상력, 그리고 지혜로운 사고력을 길러주는 진짜 보물입니다.

오늘 밤, 아이와 함께 그림책을 펼쳐보세요. 그리고 그 속에서 피어나는 '행복한 두뇌 혁명'의 기적을 함께 경험해 보시길 바랍니다.

4-3. 그림책은 두뇌와 마음을 동시에 자극합니다.

부모님의 목소리로 들려주는 이야기를 통해 아이는 새로운 단어를 익히고, 이야기의 흐름을 이해하며, 자연스럽게 언어 감각을 길러갑니다.

이 과정에서 뇌의 언어 이해를 담당하는 '베르니케 영역'과 표현을 담당하는 '브로카 영역'이 활발히 자극받으며, 아이의 언어 능력이 탄탄하게 구축됩니다.

5세 반 『노아 아줌마 채소밭 살리기 작전』 그림책을 읽고 협동하여 만든 작품

우리 아이들의 작은 머릿속에서는 지금, 이 순간에도 세상을 배우고 이해하며 놀라운 속도로 발달하는 '뇌'라는 우주가 매일 확장되고 있습니다.

특히 영유아기는 뇌 발달의 결정적 시기로, 아이가 무엇을 보고, 듣고, 느끼며 경험하는지는 평생의 학습 능력과 정서적 안정, 그리고 창의적 사고의 기초를 형성하는 데 지대한 영향을 미칩니다. 그러나 안타깝게도 오늘날 많은 아이의 뇌는 과도한 디지털 자극에 무방비로 노출되곤 합니다.

인상 깊었던 '세바시 347회 스마트폰으로부터 내 아이를 구하라' 강연에서도, 어린아이들의 무분별한 스마트폰 사용이 집중력 저하, 수면 부족, 언어 발달 지연, 가족 간 소통 단절 등 다양한 문제를 야기하고 있다는 사실이 강조되었습니다.

강연자는 스마트폰의 강렬하고 즉각적인 자극이 아이의 뇌를 점점 수동적으로 만들고, 스스로 사고하고 탐구하며 깊이 있는 즐거움을 느끼는 능력을 저해한다고 경고합니다. 실제로 아이들이 책을 읽거나 들을 때 뇌를 촬영한 사진을 보면, 전두엽이 활성화되는 모습을 확인할 수 있습니다.

책은 평면 위의 단순한 텍스트처럼 보일 수 있지만, 아이의 사고를 확장하고 통합하며 연결 짓는 1차원에서 4차원까지의 세계를 넘나들게 합니다. 그리고 그 과정에서 아이의 '마음'마저 함께 자극합니다.

디지털 시대의 역설, 실리콘밸리가 선택한 'No Screen 육아'

흥미로운 사실은, 첨단 기술의 본산인 실리콘밸리의 개발자와 임원 중 상당수가 자녀에게 스마트폰이나 태블릿 PC 사용을 엄격히

제한하거나 아예 금지하는 '노 스크린(No Screen)' 육아를 실천하고 있다는 점입니다.

그들은 누구보다 디지털 기술의 힘과 한계를 잘 알기에, 어린 시절에는 가상 화면보다 현실 세계와의 직접적인 상호작용, 손으로 만지고 느끼는 감각 경험, 그리고 사람과의 따뜻한 교감이야말로 아이의 건강한 뇌 발달과 창의력, 문제 해결 능력을 키우는 데 훨씬 더 중요하다는 사실을 깊이 이해하고 있기 때문입니다.

그렇다면, 아이의 뇌를 춤추게 하는 최고의 친구는?
저는 그 해답이 바로 '그림책'에 있다고 확신합니다. 그림책 한 권을 함께 읽는 그 소중한 시간 속에, 아이의 뇌를 자극하고 성장시키는 놀라운 비밀이 숨어있기 때문입니다.

그림책, 어떻게 뇌를 춤추게 하나요? 언어 능력의 보물창고
그림책은 일상 대화에서 쉽게 접하기 어려운 풍부하고 아름다운 어휘와 다양한 문장 구조를 담고 있습니다. 부모님의 목소리로 들려주는 이야기를 통해 아이는 새로운 단어를 익히고, 이야기의 흐름을 이해하며, 자연스럽게 언어 감각을 길러갑니다.

이 과정에서 뇌의 언어 이해를 담당하는 '베르니케 영역'과 표현을 담당하는 '브로카 영역'이 활발히 자극받으며, 아이의 언어 능력이 탄탄하게 구축됩니다.

상상력과 창의력의 날개를 달다.
그림책은 단순한 시각적 즐거움을 넘어, 아이가 스스로 상상할 수 있는 여백을 제공합니다.

생략된 장면, 글과 그림 사이의 공백, 열린 결말 등은 아이가 이야기를 재구성하고, 등장인물의 감정을 헤아리며, 자신만의 그림과 세계를 그려보게 만듭니다.

마치 뇌 속에서 자신만의 영화를 직접 제작하는 듯한 경험을 통해 창의성과 상상력은 자연스럽게 자라납니다.

인지 능력 발달의 종합 선물 세트
집중력과 기억력 향상

아이는 이야기 속에 몰입하며 자연스럽게 집중하는 시간을 늘려 갑니다. 반복해서 같은 책을 읽으며 이야기의 흐름, 등장인물, 대사, 장면 등을 기억해 내는 과정에서 기억력도 함께 발달합니다.

논리적 사고와 문제 해결 능력

그림책 대부분은 시작-중간-끝의 뚜렷한 구조로 되어 있으며, 이야기 속에는 갈등과 해결, 원인과 결과가 자연스럽게 녹아 있습니다. 아이는 이러한 흐름을 따라가며 논리적 사고를 키우고, "나라면 어떻게 했을까?"를 스스로 묻고 답하면서 문제 해결력 또한 자라납니다.

시각적 문해력 (Visual Literacy)

아이는 등장인물의 표정, 몸짓, 배경의 색감과 구도 등을 통해 글로 표현되지 않은 감정과 분위기를 해석하는 능력을 기릅니다. 이는 단순한 독해력을 넘어선 고차원적 이해력의 핵심입니다.

정서를 어루만지고, 공감을 키우는 힘

그림책 속 주인공들은 웃고, 울고, 화내고, 두려워합니다. 아이들은 이러한 감정에 자신을 이입하며 간접 경험을 하고, 감정 조절과 이해, 공감 능력을 자연스럽게 배우게 됩니다.

이 과정은 아이가 타인의 처지에서 생각하고, 더 깊은 인간관계의 기초를 쌓는 데 결정적인 역할을 합니다.

'Serve & Return'의 기적 – 뇌를 연결하는 따뜻한 대화

그림책이 아이의 뇌 발달해 주는 가장 큰 선물은 부모와의 따뜻한 상호작용입니다. 아이가 특정 장면에 반응할 때(Serve), 부모님이 "이 장면이 재미있니?" "이 친구는 어떤 마음일까?" 하며 대화에 응답할 때(Return), 그 순간 아이의 뇌세포는 연결되고, 건강한 애착이 형성됩니다.

이는 일방적인 정보 전달에 불과한 스크린 타임과는 비교할 수 없는 살아 있는 소통이며, 아이의 뇌를 가장 건강하게 자극하는 방식입니다.

그림책 한 장의 마법, 아이의 미래를 바꾸는 힘

그림책 한 장, 한 장에는 아이의 언어, 인지, 정서, 사회성을 두루 자극하는 놀라운 힘이 담겨 있습니다. 아이와 함께 책을 읽는 시간은 단순히 글자를 가르치는 시간을 넘어, 아이의 뇌를 깨우고, 마음을 살찌우며, 삶을 이끄는 지혜와 용기를 심어주는 가장 소중한 선물입니다.

오늘, 스마트폰을 잠시 내려놓고 아이의 무릎에 그림책 한 권을 펼쳐보는 건 어떨까요?

부모님의 따뜻한 목소리와 눈빛 속에서, 우리 아이의 뇌는 즐겁게 춤을 추며 무한한 가능성의 세계로 나아갈 것입니다. 그림책이라는 작은 창을 통해, 우리 아이들이 더 넓은 세상을 만나고, 더 깊은 생각을 키워갈 수 있도록 그 기적의 순간을 매일 함께 해주세요.

4-4. 그림책, 마음의 문을 열다:
교감과 성장으로 이어진 작은 변화들

*"그림책은 아이의 마음을 비추는 거울이자,
세상을 향해 나아갈 따뜻한 친구가 되어줍니다."*

매주 한 번, 각 반 교실을 찾아 아이들과 함께 그림책의 세계로 떠납니다. "오늘은 어떤 책을 들려주실까?" 하는 기대감으로 반짝이는 아이들의 눈빛. 이야기에 빠져들며 때로는 웃음으로, 때로는 진지한 표정으로 자신의 감정을 표현하는 아이들을 보면, 이 시간이 제게도 작은 마법처럼 느껴집니다.

그림책을 다 들려준 후, 저는 아이들에게 질문을 던지기보다 이렇게 말합니다.

"이야기 잘 들어줘서 고마워. 잘 들었다는 표시로 서명란에 사인 좀 해줄래?"

가로 1.5cm, 세로 2cm의 작은 네모 칸 안에 아이들은 점, 동그라미, 하트, 낙서 같은 자유로운 표현으로 사인을 남깁니다. 사인을 받으며 아이 한 명 한 명과 눈을 맞추고 교감합니다. 이 작은 사인의 마법은, 교사와 아이 사이에, 그리고 부모와 자녀 사이에 마음을 여는 따뜻한 창이 되어주곤 합니다.

그림책이 전하는 감정의 언어, 그리고 교감의 시작

그림책을 함께 들려주는 경험은 단순히 이야기를 듣는 시간을 넘어, 생각과 감정을 나누고 공감대를 형성하는 소중한 시간입니다. 특히 감정 조절이나 친구 관계에 어려움을 겪는 아이들에게, 그림책은 마음을 여는 안전한 매개체가 되어줍니다.

쉽게 화를 내던 아이가 『소피가 화나면 정말, 정말 화나면…』(몰리 뱅 글/그림)을 읽고는 "나도 주인공처럼 화났지만 참아볼래요."라고 말해주었을 때, 야외 활동 중 교사가 잠시 자리를 비우면 불안해 울던 아이가 『보이지 않는 끈』(파트리스 카스트 글, 조프리 홀슬러 그림)을 반복해서 읽으며 "엄마랑 나는 사랑의 끈으로 연결돼 있어요."라고 말하기 시작했을 때, 그림책이 아이의 내면에 얼마나 깊은 변화를 만들어내는지를 실감했습니다.

점 하나에서 시작된 기적

중간 학기에 전입해 온 한 4세 남자아이가 있었습니다. 아이는 말도 하지 않고, 눈도 마주치지 않았으며, 식사도 거부했습니다. 부모님과의 상담을 통해 아이가 이전 원에서도 6개월 동안 식사를 거부했다는 사실을 알게 되었습니다.

1:1 그림책 활동을 시작했지만, 처음엔 책에도 관심이 없었습니다. 그러나 반복된 만남 끝에 아이는 조심스레 마음을 열기 시작했습니다. 처음에는 사인도 거부했지만, 일주일 뒤 서명란에 조그마한 점 하나를 찍어주었습니다. 그 작은 점 하나가 제게는 거대한 우주처럼 느껴졌습니다. 벅차오르는 감동에 아이를 꼭 안아주며 "고맙다", 정말 "고맙다" 속삭였습니다.

그날 이후 사인은 동그라미로, 이어서 하트로 바뀌었고, 아이는 유치원 간식을 처음으로 먹기 시작했습니다. 부모님도 저희 '그림책 부모 모임'에 참석하시며 아이와의 관계를 돌아보게 되었고, 결국 아이는 졸업반까지 잘 적응하며 성장해 나갔습니다. 그 아이의 이야기는 제게 40년 교육 인생의 큰 보람으로 남아있습니다.

'웨슬리 나라'를 사랑한 아이

또 한 명의 5세 남자아이는 친구들과의 관계에서 제 뜻대로만 하려는 경향이 강해 잦은 갈등을 겪었습니다. 담임 선생님의 요청으로 책을 들려주고자 했지만, 아이는 "싫다"라고 했습니다. 그래서 기다렸습니다. 아이의 마음이 준비될 때까지. 그러던 어느 날, 아이가 제 방문을 두드리고 "책 읽어주세요."라고 말해주었습니다.

그 아이에게 처음 들려준 책은 『웨슬리 나라』(폴 플라이쉬만 글, 케빈 호크스 그림)였습니다. 다음 날 다른 책을 들려주려 했지만, 아이는 다시 『웨슬리 나라』를 요청했습니다. 그날 이후 매일 같은 책을 반복해 달라고 했지요. 한번은 바쁜 일정 탓에 책의 내용을 간추려 읽자, 아이는 단호하게 "글을 다 읽어주세요."라고 말했습니다. 왜 그 책이 좋냐고 물으니, 아이는 이렇게 답했습니다.

"주인공 웨슬리가 저 같아요."

『웨슬리 나라』의 주인공은 외톨이지만 자신만의 나라를 만들며 새로운 친구들과 교류하게 되는 이야기입니다. 그 아이는 자신도 친구들과 잘 지내지 못한다고 느끼고 있었고, 웨슬리에게서 자기 자신을 발견하고 깊이 공감했던 것입니다. 그 이후 부모님도 부모 모임에 참여하시며 아이와의 관계는 눈에 띄게 회복되었습니다.

이처럼 그림책은 아이들의 내면을 비추는 거울이 되어 자신의 감정을 이해하고(정서 발달), 이야기 속 인물에 공감하며(공감 능력 향상), 관계의 실마리를 찾아(사회성 증진), 마침내 '나도 괜찮아'라는 위로를 얻게 하는(자존감 향상) 가장 따뜻한 친구가 되어줍니다.

부모 모임에서 많은 부모님이 "오늘은 피곤해서 책 읽기 쉬자 했더니, 아이가 들려달라고 조르더라"라고 말씀하십니다. 아이에게 책 읽기를 습관으로 만들어주는 것은 반복과 루틴의 힘입니다. 부모님들도 아이와 함께 매일 작은 그림책 한 권, 그 따뜻한 기적을 함께 만들어가시기를 진심으로 바랍니다.

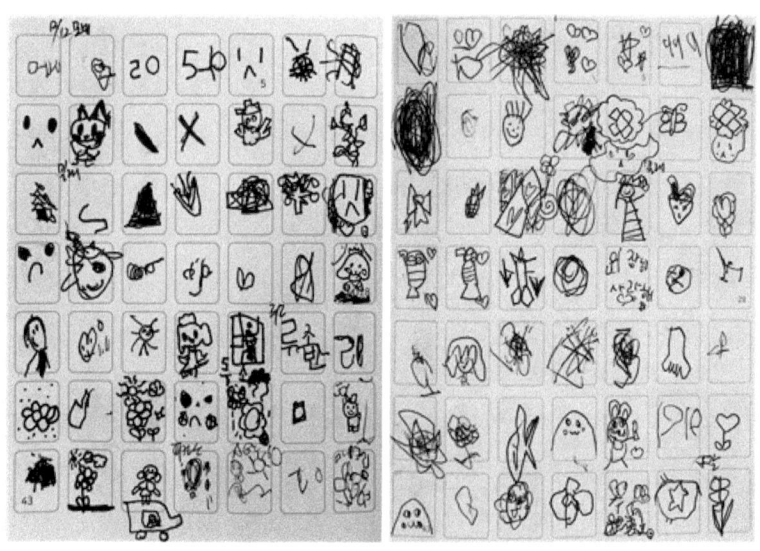

주 1회 각반 교실에서 그림책을 들려준 후 아이들의 사인 활동

4-5. 우리 유치원 '좋은 그림책 부모 모임' 10년의 동행
함께 읽고, 함께 자라는 기쁨

진정한 육아는 '나'를 아는 것에서 시작됩니다. **육아育我**(기를 육, 나 아)*가 되면* **육아育兒**(*기를 육, 아이 아*)*가 된다.*
"인간이 가진 최고의 자본은 '기억'이다. 기억을 조정하는 자가 미래를 지배한다."

좋은 책이란? 사고의 확장, 통합, 연결을 가능하게 해주는 책입니다.
그림책을 반복해서 들려주는 것은 가장 효과적인 기억법입니다.
그림책은 자녀에게 물려줄 수 있는 진정한 보물입니다.

지난 10여 년간, 우리 유치원에서는 특별한 만남을 이어오고 있습니다. 바로 '좋은 그림책 부모 모임'입니다. 이 모임이 처음 시작된 계기는, 제가 그림책을 공부하면서 그 안에 담긴 깊은 교육적 가치와 아이들의 성장에 미치는 긍정적인 영향을 직접 체감했고, 이 기쁨과 깨달음을 부모님들과 함께 나누고 싶다는 간절한 마음에서였습니다.

이 모임은 매 학기 1~2회씩, 진행되며, 다음과 같은 신청서를 통해 참여자를 모집합니다.

"인간이 가진 최고의 자본은 '기억'이다. 기억을 조정하는 자가 미래를 지배한다."

좋은 책이란? 사고의 확장, 통합, 연결을 가능하게 해주는 책입니다. 나쁜 책이란? 사고를 축소하고 배제하며, 단절된 성인의 생각을 주입하는 책입니다.

성장해가는 자녀에게 어떤 그림책으로 사고를 확장할 것인지, 그리고 뇌의 발달을 어떻게 도울 것인지는 오늘날 부모에게 주어진 중요한 미션입니다. 우리는 이러한 고민을 함께 나누고자, 〈좋은 그림책 들려주기 부모 모임〉을 시작하게 되었습니다. 이 모임은 21세기 4차 산업 혁명 시대를 살아가는 아이들과 부모님의 내면의 성장을 돕고, 자녀가 세상에서 가장 큰 아이로 자랄 수 있도록 안내하는 여정입니다.

1. 2025년 '좋은 그림책 들려주기 부모 모임' 안내
주제: 양육하는 자아의 회복, 엄마에게도 엄마가 있다.

이 모임은 부모님의 내면 성장과 더불어, 자녀에게 좋은 두뇌, 책을 사랑하는 습관, 그리고 삶의 방향성을 유산으로 물려주기 위한 여정입니다. 특히 그림책을 자신의 것으로 만들어가는 소중한 기회를 경험하시길 바라는 학부모님을 모집합니다.

그림책을 통한 자녀교육에 관심이 있거나, 아이의 두뇌 발달을 돕고 싶은 분, 자녀교육에서 어려움을 느끼거나 내면이 단단해지고, 더 행복한 삶을 원하시는 분께 적극 추천해 드립니다.

"그림책은 인간의 기억 방식이다. 기억이란? 외부 세계의 감각 입력을 통해 뇌가 세계상을 구성하는 과정, 생각이란? 기억의 맥락적 연결이자 언어로 구성된 의식 상태입니다."

박문호 박사의 『뇌 과학 공부』 중

그림책을 반복해서 들려주는 것은 가장 효과적인 기억법입니다. 그림책은 자녀에게 물려줄 수 있는 진정한 보물입니다.

2. 수업 구성과 진행 방식

모임은 총 5회 차로 진행되며, 한 번에 약 2시간 동안 모입니다. 모든 회차에 참석하신 분들께는 수료증을 드립니다. 이는 단발성 교육이 아닌, 실제 육아에 적용할 수 있는 루틴을 만드는 과정이기 때문입니다.

매 회차, 직접 그림책 2~3권을 낭독하고, 이를 바탕으로 부모님들과 자유로운 토론을 나눕니다. 내 아이가 책을 듣는다고 상상하며 각자의 감정을 나누고, 느낀 점을 공유합니다. 이 과정이 처음에는 낯설고, 어렵게 느껴질 수 있지만, 또래 자녀를 양육하는 공통된 경험 덕분에 곧 깊은 공감과 위로, 그리고 울림의 시간이 됩니다.

3. 부모님들이 깜짝 놀라는 첫 시간

처음 참여하시는 부모님 중 일부는 이 모임이 단순한 그림책 교수법이나 육아 정보를 배우는 자리라고 생각하시기도 합니다. 그러나 첫 시간, 우리는 전혀 다른 질문을 던집니다.

The Author of Life, 나는 누구인가? 미래의 나는 어떤 모습일까? 나는 어떻게 변화하고 성장할 것인가?

이 질문들은 부모로서, 인간으로서 '나'를 돌아보는 계기가 됩니다. 어떤 분은 "마치 머리를 한 대 맞은 것처럼 큰 울림이었다"라고 표현하시기도 했습니다.

진정한 육아는 '나'를 아는 것에서 시작됩니다. **육아育我**(기를 육, 나 아)가 되면 **육아育兒**(기를 육, 아이 아)가 된다. 내가 기쁘고, 내가 행복해야 아이에게도 좋은 영향을 줄 수 있기 때문입니다.

4. 그림책 한 권이 주는 깊은 울림
그림책 속에는 아이들의 복잡하고 섬세한 감정 세계가 고스란히 담겨 있습니다. 때로는 그림책 한 권이 부모님의 마음을 울리고, 치유의 시간을 선물해 주기도 합니다.
모임을 반복하며 제가 부모님들과 매번 나누는 말이 있습니다.
"육아는, 나를 먼저 알아야 하고 나를 돌아볼 때 진정한 육아의 시작입니다."

5. 함께 읽고, 함께 성장하는 공동체
그림책은 단순히 교육 도구가 아닙니다.
아이와의 교감, 부모 자신의 성장, 가족의 행복까지도 아우르는 삶의 매개체입니다.
우리는 다음과 같은 그림책을 함께 나누며 이야기를 시작합니다.
『내가 태어났을 때』: 인간은 끊임없이 배우는 존재이며, 아이들 질문은 성장의 본능입니다.
날마다 계속해서 조금씩 새로운 걸 알아간다는 것은 그것이야말로 세상에서 가장 멋진 일!
『사랑해, 꼭 안아줄 시간』: 심리적 애착으로 아이의 존재 자체를 있는 그대로 안아주는 것이 진정한 사랑입니다. "피부는 밖으로 드러난 뇌"라는 말처럼, 스킨십은 아이에게 따뜻한 안정감을 줍니다.

6. 작지만 깊은 실천 – '사인받기 숙제'

모임에서 드리는 가장 중요한 숙제는 이것입니다:

"아이와 함께 그림책을 읽고, '잘 들어줘서 고마워'라고 말한 뒤, 아이에게 '사인'을 받아 오기." 이 단순한 활동을 통해 부모님은 아이와의 정서적 교감을 경험하게 되고, 다음 모임에서의 나눔은 더 깊고 풍성해집니다.

7. 함께 걸어온 10년, 그리고 앞으로의 10년

지난 10년간, '좋은 그림책 부모 모임'을 통해 저는 많은 부모님의 진솔한 눈물과 빛나는 성장을 지켜보았습니다.

작은 그림책 한 권이, 아이와 부모님의 마음을 잇고, 서로를 위로하고 이해하게 하는 작은 기적의 창이 된 순간들이었습니다.

이 모임은 제게도 여전히 끝없는 배움과 감동의 시간이며, 앞으로도 더 많은 부모님과 함께 이 귀한 여정을 이어가고 싶습니다.

4-6. 그림책, 부모의 마음을 어루만지다:
   치유가 성장이 되는 10년의 여정

부모가 먼저 자기 내면을 돌보고 회복할 때 그 긍정적인 에너지가 자연스럽게 아이에게 흘러간다는 사실을 확인했습니다.
'부모의 치유가 아이의 성장으로 이어진다'라는 이 말은, "좋은 그림책 부모 모임" 함께 했던 많은 부모님의 체험을 통해 깊이 공감되는 진실이 되었습니다.

지난날, 내 아이가 유치원에 다니던 3년을 돌아보면 원장이라는 이름 아래 누구보다 바쁘게 살아왔지만, 정작 '엄마'로서는 부족했던 부분이 많았습니다. 사랑은 가득했지만, 아이와의 진정한 교감의 시간은 턱없이 부족했습니다. 엄마의 빈자리를 남편에게 채워달라며 무심코 기대던 제 모습은 지금도 가슴을 먹먹하게 합니다. 유치원에서 늦게까지 일에 매달리다 보면 어느새 하루가 지나 있었고, 정작 가장 소중한 가정에는 그만큼의 시간을 내지 못했습니다.
  지금도 아이가 어린 시절 느꼈을 외로움을 생각하면 마음이 아립니다. 유치원 시기는 아이 인생의 방향을 설계하는 너무나도 중요한 시기임을, 스스로 다시금 절실히 깨닫습니다. 요즘은 부모님들 대부분이 직장과 육아를 병행하며 하루하루를 힘겹게 살아내고 계십니다. 그런 바쁜 일상에서도 잠시 멈추어, 아이의 눈을 바라보고, 이야기를 들어주는 소중한 시간을 꼭 가져보시길 부탁드립니다. 제 아이는 대학을 졸업하고 사회인이 되었지만, 놓친 그 시간을 생각할 때마다 후회가 남습니다. 이 글을 읽는 부모님들께서는 마음 아픈 후회를 남기지 않기를 바랍니다.

지난 10년간 '좋은 그림책 부모 모임'을 운영하며, 이 모임이 단지 부모 교육의 차원을 넘어, 삶의 방향을 바꾸는 감동의 시간이었음을 회기마다 느껴왔습니다. 한 회기당 5번의 만남으로 구성된 이 모임은 처음엔 아이를 잘 키우기 위한 정보가 필요해서 오신 부모님들이, 점차 자기 내면을 들여다보고 상처를 치유하며 결국 아이와 함께 성장하는, 깊고도 아름다운 여정이 되어주었습니다.

이 여정에서 특히 최영애 박사님에게 배운 그림책은 아주 강력한 촉매제 역할을 했습니다. 애착 이론, 발달 심리, 내면 치유, 사랑의 본질과 같은 학문적 주제를 바탕으로 엄선된 이 책들은, 단지 좋은 그림책이라는 차원을 넘어, 부모님의 마음을 어루만지고 삶의 깊은 공감을 끌어내는 힘을 지니고 있었습니다.

부모님들은 그림책 속 주인공에게 자신의 삶을 투영하며, 마치 자신의 이야기인 듯 몰입했습니다. "이건 꼭 제 얘기 같아요", "저만 힘든 게 아니었네요"라는 고백과 함께 눈시울을 붉히는 분들도 계셨고, 잊고 있었던 어린 시절의 자신과 마주하며 묵은 감정을 해소해가는 분들도 많았습니다. 그림책은 부모님들에게 마치 안전한 거울처럼, 자신의 감정과 상처를 왜곡 없이 바라보게 하고, 수용하는 힘을 주었습니다.

특히 한 어머님께서 "이 모임과 그림책이 저를 살렸어요"라고 말씀하셨을 때, 그 고백은 큰 울림이었습니다. 그분에게 이 모임은 단순한 독서 시간이 아니라, 절망 속에서 희망을 발견하고 삶의 의미를 다시 찾는 치유의 과정이었던 것입니다.

이러한 경험을 통해, 부모가 먼저 자기 내면을 돌보고 회복할 때 그 긍정적인 에너지가 자연스럽게 아이에게 흘러간다는 사실을 확인했습니다. '부모의 치유가 아이의 성장으로 이어진다'라는 이 말은, 이 모임을 거쳐 간 많은 부모님의 체험을 통해 깊이 공감되는 진실이 되었습니다.

모임을 통해 변화된 부모님들의 모습은 유치원 현장에서도 뚜렷하게 나타났습니다.

첫째, 정서적으로 안정된 부모는 아이를 대하는 태도에서 따뜻함과 여유를 보이기 시작했습니다. 예전에는 아이의 작은 행동에도 예민하게 반응하고 쉽게 짜증을 내던 부모님들이, 자신의 감정을 조절하면서 아이의 마음을 먼저 들여다보는 태도로 바뀌었습니다. 따뜻한 눈빛과 안정된 목소리는 아이에게 세상 무엇과도 바꿀 수 없는 정서적 안전감을 선물합니다.

둘째, 그림책을 통해 감정을 이해하고 공감하는 방법을 배우면서 자녀와의 소통 방식도 달라졌습니다. 일방적인 훈육 대신, 아이의 감정에 귀 기울이고 공감하려는 노력이 두드러졌습니다. "속상했겠구나", "엄마도 어릴 때 그런 적이 있었어." 같은 공감의 언어는 아이의 마음을 열어주었습니다.

셋째, 부모 스스로 삶을 긍정하고 자존감을 회복하면서, 자녀를 있는 그대로 수용하고 격려하는 건강한 양육 태도를 갖추게 되었습니다. 완벽한 부모가 되어야 한다는 부담에서 벗어나 자신의 강점과 약점을 인정하고, 아이를 독립된 인격체로 존중하게 된 것입니다. 이런 가정에서 자란 아이는 자연스럽게 높은 자존감과 긍정적인 자아상을 형성하게 됩니다.

회기마다 2~3권의 약 13권 그림책을 들려주고 나눈 뒤, 그 책이 주는 메시지를 다음과 같은 방식으로 정리하며 마무리했습니다.

좋은 그림책이란?
생각의 확장과 통합, 연결의 능력을 기르기 위해, 평면에 그려진 그림책을 통해 점(1차원), 선(2차원), 면(3차원), 시간(4차원)을 자유롭게 넘나드는 사고를 가능하게 해주는 매개입니다. 부모님께 책을 소개하고 책에 담겨 있는 의미들을 부모님께 ppt로 정리하여 5년여 걸쳐 강의를 들으며 배운 지식의 정보를 제공해 드립니다.

상호작용의 핵심
이름 불러주기
인정해주기
칭찬해주기
개방형 질문: "장난감 빼앗겨 속상했지, 어떻게 하면 좋을까?"
확산적 질문: "왜 그렇게 생각했을까?"

마지막 5회차까지 빠짐없이 참여한 부모님께는 수료증을 드리고, 모임에 대한 소감을 담은 평가서를 받았습니다. 그중 일부를 그대로 소개합니다.

"아이에게 책을 읽어주는 시간이, 사실은 내 욕심을 내려놓는 연습이었음을 알게 되었습니다. 아이뿐 아니라 나에게도 큰 선물이었습니다."

"그림책을 통해 과거의 나, 현재의 나, 미래의 나를 돌아보는 시간이었습니다. 문구 하나, 삽화 하나에 마음이 울컥했고, 힐링이 되었습니다."

"그림책이 아이를 위한 도구라고만 생각했는데, 사실은 제가 먼저 치유되어야 아이도 바뀐다는 것을 알게 되었습니다."

"마지막 나의 노년을 생각하게 해준 책들도 인상 깊었습니다. 혼자서는 도달하지 못했을 깨달음을 함께 나누며 얻는 기쁨을 느꼈습니다."

"아이에게 화를 내기 전, '침묵'하고 내 마음을 들여다보게 되었습니다. 그림책은 내 육아의 방향을 바꾸는 나침반이 되었습니다."

"내가 먼저 성숙한 엄마가 되어야 아이도 자신의 빛을 찾을 수 있음을 느꼈습니다. 공부하는 엄마가 되겠습니다."

지난 10년, 이 그림책 모임을 통해 부모 한 사람의 내면이 어떻게 깊이 어루만져질 수 있는지를, 또 부모의 작은 변화가 아이의 삶에 얼마나 큰 울림을 만들어내는지를 매 순간 확인해왔습니다.

이 여정은 단순한 '교육'을 넘어, 부모와 아이, 그리고 한 사람의 영혼을 돌보는 '사람의 일'이었습니다. 부모의 행복이 곧 아이의 행복으로 이어지는 그 아름다운 연결고리를, 저는 앞으로도 성실히 이어가겠습니다. 그리고 저 또한 그 길 위에서 함께 성장하겠습니다.

4-7. "엄마, 이 책 또 읽어주세요"
부모와 아이를 잇는 행복한 책 읽기 시간의 마법

그림책 한 권, 그 안에 담긴 따뜻한 이야기가 부모와 아이의 하루를 변화시킵니다.
3살 아이 뇌의 버릇이 여든 간다.
그림책 들려 주기는 아이의 뇌의 재배선(뇌 의회로의 좋은 습관)이며 뇌가 변하면 언어도 변합니다.

보물 씨앗 100권 그림책 가정 연계 활동 이야기

매주 금요일이면 아이들은 설레는 마음으로 붉은 독서 가방을 들고 집으로 돌아옵니다. 그 안에는 유치원에서 정성껏 선정한 '보물 씨앗 그림책' 한 권이 들어 있습니다. 대여는 금요일, 반납은 다음 주 수요일로, 그 사이 그림책은 아이와 가족이 함께하는 따뜻한 저녁 시간을 선물합니다.

그림책을 읽어 준다고 하지 않고 들려준다고 하는 것은 듣는 것이 보살핌이기 때문입니다. 마지막 사람이 운명을 하여도 청각은 1시간 30분 정도 마지막까지 열려 있다고 합니다. 뇌가 바뀌면 언어도 달라집니다. 그림책을 들려주는 부모의 자세는 매우 중요합니다. "그래도 엄마는 너를 사랑한단다"의 마지막 장면처럼, 아이를 품에 안고, 아이의 눈높이에서 그림책을 함께 바라보며 읽어주는 시간이 더욱 깊은 정서적 유대감을 형성합니다.

"엄마, 이 책 또 읽어주세요!"

아이의 해맑은 목소리로 들리는 이 한마디는, 부모에게 있어 말로 다 표현할 수 없는 감동과 기쁨의 순간입니다. 이 짧은 문장 안에는 그림책이 전해 주는 이야기의 즐거움, 정서적 안정, 그리고 부모와 아이 사이의 따뜻한 연결이 모두 담겨 있습니다.

이처럼 그림책을 매개로 부모와 아이가 함께 성장할 수 있도록, 유치원에서는 다채로운 독서 프로그램을 운영해 왔습니다. 매주 각 반 교실에서 직접 들려주는 그림책 시간, '좋은 그림책 부모 모임'을 통한 부모의 내면 성장을 지원하는 활동, 그리고 '보물 씨앗 100권 그림책 가정 대여 프로그램'을 통해 가정 내 독서 문화를 자연스럽게 정착시켜 왔습니다.

특히 서울특별시교육청 도서 대여 프로그램 참가 하여 3개월 주기 약 250권의 그림책을 대여받아 반 교실에 비치함으로써, 아이들이 언제든 책과 가까이할 수 있도록 하였습니다. 이처럼 가정과 유치원이 함께 만들어가는 독서 프로그램은, 부모의 치유가 아이의 건강한 성장으로 이어지는 따뜻한 순환 구조로 만들어 가는 데 큰 역할을 해왔습니다.

함께 성장하는 부모, 그리고 아이
'좋은 그림책 부모 모임'의 울림

10년 넘게 이어져 온 '좋은 그림책 부모 모임'은 많은 부모님께 깊은 울림과 치유의 시간을 선사해 왔습니다. 한 회기당 다섯 번의 만남으로 이루어진 이 모임은, 단순한 독서 시간이 아닌, 부모가 자기 내면을 마주하고 서로의 이야기에 귀 기울이며 지지하는 따뜻한 공동체였습니다.

특히 최영애 박사님의 그림책은 이 모임에서 큰 역할을 했습니다. 애착 이론, 발달 심리, 내면 아이 치유와 같은 전문 이론을 감성적인 이야기와 그림으로 풀어낸 박사의 책들은, 아이뿐 아니라 부모의 마음도 어루만져 주었습니다.

"이 책은 꼭 제 이야기 같아요."

"저만 이렇게 힘든 줄 알았는데, 큰 위로가 되네요."

모임에서는 눈시울을 붉히는 부모님들의 진심 어린 고백이 자주 오갔습니다. 어떤 분은 오랜만에 어린 시절의 상처를 꺼내며 눈물을 흘리기도 했습니다. 특히 어떤 어머님께서 "이 모임과 그림책이 저를 살렸어요."라고 말씀하셨을 때, 우리는 이 프로그램의 의미를 깊이 되새기게 되었습니다.

부모가 먼저 자신의 마음을 돌보고 치유될 때, 그 따뜻한 변화는 고스란히 자녀에게 흘러갑니다. 정서적으로 안정된 부모는 아이에게 더 깊이 공감하고, 부드럽게 다가가며, 인내심을 가지고 기다릴 수 있습니다. 이는 아이의 자존감, 정서적 안정, 그리고 긍정적인 행동 변화로 자연스럽게 이어졌습니다.

가정으로 확장되는 따뜻한 변화
'보물 씨앗 그림책 가정 대여 프로그램'

'그림책 가정 대여 프로그램'은 부모임에서의 경험을 일상 속으로 확장하고자 기획되었습니다. 책 읽는 즐거움이 일상이 되기 위해서는 가정이 가장 중요한 공간입니다. 책이 가까이에 있고, 부모가 책을 읽으며 아이와 자연스럽게 이야기 나누는 모습은 아이에게 가장 큰 독서 동기입니다.

매주 아이들은 새로운 그림책 꾸러미를 '보물찾기'하듯 들고 귀

가합니다. 이 그림책들은 최영애 박사님께서 추천한 도서들입니다.

이 프로그램을 통해 가정에서는 "오늘 저녁엔 어떤 책을 읽을까?" 하는 기대감 어린 대화가 늘어났고, 스마트폰 대신 책을 펼쳐 함께 웃고 이야기 나누는 시간이 자연스럽게 자리 잡았습니다. 아이들은 책 속 이야기의 세계로 눈을 반짝이며 빠져들었고, 부모님은 아이의 생각과 감정을 더 깊이 이해하는 시간을 가졌습니다.

그림책은 단순히 문해력 향상이나 지식 전달의 도구가 아닙니다. 아이들의 상상력, 감정 표현력, 공감 능력을 길러주는 마음의 씨앗이며, 부모에게는 잊고 지낸 동심을 되찾고 양육의 지혜를 얻는 통로가 되어주었습니다. 가정에서의 이런 경험은 아이가 평생 독자로 성장하는 데 있어 가장 강력한 토대가 됩니다.

왜 아이들은 같은 책을 반복해서 들려 달라고 할까요?

아이들이 한 권의 책을 반복해서 들려 달라고 하는 데에는 깊은 이유가 있습니다.

예측이 가능한 즐거움, 안정감

세상이 늘 새롭고 복잡하게 느껴지는 아이에게, 익숙한 이야기는 편안함과 통제감을 줍니다. 어떤 장면이 나올지 미리 알고 기다리는 과정은 아이에게 소소한 자신감을 심어줍니다.

깊이 있는 이해와 숙달의 기쁨

처음엔 단순히 줄거리만 이해하던 아이가 반복을 통해 그림 속의 디테일, 숨겨진 유머, 인물의 표정까지 읽어내며 더 깊이 있는 감상으로 나아갑니다. 좋아하는 노래를 여러 번 들으며 감정을 느끼는 것처럼, 그림책도 점점 아이의 '자기 것'이 됩니다.

언어 발달의 중요한 기회

반복해서 들려주면 자연스럽게 어휘와 문장 구조가 익숙해지고, 아이의 언어 감각은 날로 자랍니다. 이야기를 구성하고 말로 표현하는 능력의 기초가 바로 여기서 자랍니다.

정서적 교감, 애착 형성의 시간

무엇보다 아이는 그림책 읽기 시간을 통해 부모의 사랑을 온몸으로 느낍니다. 다정한 목소리, 포근한 품, 이야기에 몰입하는 부모의 눈빛은 아이에게 세상에서 가장 따뜻한 안식처가 됩니다.

반복 읽기의 힘, 이야기가 아이 뇌를 바꿉니다.

아이들은 자신이 좋아하는 그림책 이야기에 놀라운 집중력을 발휘합니다. 이야기를 통해 주인공의 감정과 행동을 따라가며 문제 해결력을 키우고, 자신의 삶을 바라보는 태도까지 변화시키기도 합니다. 같은 책을 수십 번 읽어달라고 조를 때, 그것은 단순한 고집이 아니라 아이의 '성장에 대한 요청'일지도 모릅니다. 게임을 할 때나 영상을 볼 때는 후두엽만 움직이고 책을 볼 때 아이의 뇌의 전두엽이 활발히 움직이는 실험이 있습니다.

우리 아이의 뇌의 좋은 습관을 만들어주기 위해 오늘 저녁, 아이가 가장 좋아하는 그림책을 다시 한번 다정한 목소리로 들려주세요. 어제와는 또 다른 감동을 아이는 느낄 것입니다. 그리고 그 속에서 한 뼘 더 자란 아이의 마음을 만날 수 있을 것입니다.

그림책 한 권, 그 안에 담긴 따뜻한 이야기가 부모와 아이의 하루를 변화시킵니다. '좋은 그림책 부모 모임'과 ' 그림책 가정 대여 프로그램'은 그 마법 같은 변화를 응원합니다.

4-8. 가슴에 심은 '보물 씨앗' 한 알, 평생을 지혜롭게 살아갈 힘이 되다.

"아이의 성장 조건은 바로 '부모'입니다."

오늘, 어떤 씨앗을 심으시겠습니까?

왜 책이 중요할까요?

어린 시절 좋은 양식을 먹으면 좋은 삶을 살 수 있다.
시공간을 넘나드는 지혜가 책에 있다.
그림책이 씨앗이 되어 내 삶에서 나무로 자라 열매를 맺는다

부모님과 우리 교사들에게 늘 이렇게 말씀드립니다.
"식물이 잘 자라기 위해선 햇빛, 공기, 온도, 물, 양분이라는 조건이 필요합니다. 그렇다면 아이들이 건강하게 자라기 위해 가장 중요한 조건은 무엇일까요? 바로 '부모'입니다."

아이는 부모를 통해 세상을 만나고, 부모의 말과 행동, 감정과 태도는 아이의 삶 전체에 영향을 미칩니다. 그래서 어떤 아이가 유난히 산만하고, 친구들과 자주 다투며, 감정 조절이 어렵다고 선생님께서 어려움을 토로하실 때면 이렇게 말씀드립니다.

"그 아이의 잘못이 아닙니다. 그 아이가 처한 '아동의 조건', 즉 환경이 그렇게 만든 것이니, 선생님께서 더 깊은 사랑으로 품어주세요. 부모님과 함께 이 문제를 풀어가겠습니다."

아이들이 원에서 적응하지 못하고 힘들어할 때, 그 가장 큰 해답은 '사랑'이며, 그 사랑의 중심에는 부모님이 계십니다. 그래서 부모 교육 자리에서도 항상 강조합니다.

"아이의 성장 조건은 바로 부모입니다."

그림책이라는 '보물 씨앗' 한 알, 그 감동적인 생명의 힘

아이의 마음 밭에 정성껏 심어주는 그림책 한 권, 그것은 단순한 읽을거리가 아닙니다. 부모님의 따뜻한 무릎 위에서 함께 넘긴 그 한 페이지, 한 이야기는 평생 아이의 삶을 지탱해 주는 보이지 않는 힘, 지혜의 씨앗이 됩니다.

그림책은 아이의 마음속에 스며들어, 성장 과정 내내 아이가 세상과 건강하게 소통하고 따뜻하게 살아갈 수 있도록 도와주는 든든한 밑거름이 됩니다.

'보물 씨앗 100권의 그림책'이 자라 열매를 맺을 때

1. 지혜의 뿌리가 깊어집니다.

그림책 속 많은 이야기는 아이에게 세상을 다양한 시선으로 바라보는 법을 가르쳐줍니다. 갈등을 해결하는 방법, 타인을 배려하는 마음, 실패를 견디는 회복탄력성까지. 주인공들의 경험은 아이의 내면에 차곡차곡 쌓여 삶의 중요한 갈림길에서 현명한 선택을 할 수 있는 마음의 나침반이 되어줍니다.

2. 감성의 꽃이 피어납니다.

그림책은 아이들이 다양한 감정을 경험하고 표현하는 법을 배울 수 있게 돕습니다. 기쁨, 슬픔, 분노, 두려움, 사랑 - 이 모든 감정을 주인공과 함께 느끼며, 아이는 감수성을 기르고 타인의 마음에 공감하는 법을 배웁니다. 이렇게 자란 감성은 삶을 더욱 풍요롭고 따뜻하게 가꾸는 힘이 됩니다.

3. 창의력의 가지가 자랍니다.

기발한 상상과 예측할 수 없는 전개가 가득한 그림책은 아이들의 사고의 문을 활짝 열어줍니다. "만약 내가 그 상황이라면?" 하며 즐겁게 상상하는 과정은 창의적인 사고를 자극하고, 새로운 시도를 두려워하지 않는 용기를 길러줍니다. 어릴 적 그림책 속 세계에서 자유롭게 상상했던 경험은 훗날 문제 해결 능력을 갖춘 창의적인 인재로 자라게 하는 밑거름이 됩니다.

4. 세상을 사랑하는 마음의 열매를 맺습니다.

그림책은 다양한 문화와 삶의 이야기를 통해 아이에게 세상을 넓게 바라보는 눈을 선물합니다. 자연을 사랑하고 보호하고 싶은 마음, 다른 배경과 모습의 친구들을 이해하고 존중하는 태도, 공동체 안에서 조화롭게 살아가는 지혜. 이 모든 가치는 아이의 마음 밭에 그림책이 심어준 아름다운 씨앗에서 자랍니다.

부모님, 아이 마음 밭의 가장 헌신적인 정원사

이 소중한 보물 씨앗들이 건강하게 자라고 열매 맺기 위해선, 부모님의 따뜻한 손길이 필요합니다. 아이와 함께 그림책을 고르고, 포근한 목소리로 책을 들려주며, 이야기에 함께 웃고 눈물 흘리는 순간들이야말로 씨앗에 햇빛과 물을 주는 과정입니다.

지난 10여 년간 '좋은 그림책 부모 모임'을 운영하며 수많은 감동의 순간을 마주했습니다. 진심을 담은 부모님의 참여가 아이의 삶에 얼마나 강력한 영향을 미치는지, 그림책을 통해 절실히 느껴왔습니다. 부모님이 그림책의 가치를 이해하고 함께하는 시간을 소중히 여길 때, 아이는 그 속에서 부모의 사랑과 지혜까지 함께 배우며 자라납니다.

한 권의 그림책, 평생을 비추는 마음의 등불

『송아지의 봄』이라는 그림책을 아이들에게 들려주었습니다. 이 책은 '희망'을 이야기하는 그림책입니다.

책 속에 "풀이 싱그럽게 자라요"라는 문장이 있는데, 이 표현을 기억한 다섯 살 아이가 캠핑하러 가서 초록 숲을 보며 "엄마, 나무들이 정말 싱그러워요"라고 말해 어머니를 놀라게 했습니다.

또 다른 날, '사랑의 끈'이라는 책은, 주인공이 "멀리 떠난 삼촌과도 사랑의 끈으로 이어져 있을까?" 묻는 장면에서, 여섯 살 여자아이가 얼마 전 돌아가신 할아버지를 떠올리며 "할아버지와도 사랑의 끈으로 이어져 있나요?"라고 질문했던 일이 있었습니다. 이 책을 기억한 졸업생이 스승의 날에 유치원을 방문해 "그때 '사랑의 끈' 이야기를 부모님께도 들려드렸고, 정말 좋은 책이라고 생각했어요"라고 말해주었던 감동의 순간도 있었습니다.

우리는 이행성에 살고 있어 책은 100개의 조각 중 '범위' 말해주는데 한 부모가 소중한 아이에게 들려줘야 할 온전한 세상에 대해 생각하며 만든 책이며 생후 2개월 된 아이에게 우주와 태양계

지구에 대한 이야기가 담긴 멋진 책이었습니다. 우리 아이들도 이 책을 매우 좋아한답니다. 생후 3년 뇌의 좋은 습관의 형성은 평생을 간다고 합니다.

이처럼 책을 매개로 아이들과 나누는 시간, 부모님과의 대화를 통해 모든 답은 책 속에 있다는 사실을 확신하게 되었습니다. 자녀를 키우는 과정에서 '책'을 가장 소중한 양식이라 여기며, 초등학교 1학년부터 6학년까지 꾸준히 독서토론 활동을 이어갈 수 있도록 환경을 만들어주었습니다. 다양한 책을 편식 없이 접할 수 있도록 노력했지요. 책을 많이 접한 아이들은 교실에서 아이들을 만날 때 다름을 느낍니다.

오늘, 어떤 씨앗을 심으시겠습니까?

어린 시절 마음에 심어진 그림책이라는 '보물 씨앗' 한 알은 결코 쉽게 사라지지 않습니다. 아이가 자라나며 겪게 될 수많은 선택과 도전, 기쁨과 시련 속에서 그 씨앗은 조용히 뿌리내리고 줄기를 뻗어, 삶의 등불이 되어줄 것입니다.

그리고 언젠가 아이가 어른이 되어 힘든 순간을 마주할 때, 어린 시절 책 속에서 만났던 이야기와 그 속에서 느꼈던 따뜻한 감동은 어둠 속을 밝히는 등불처럼 아이를 위로하고 다시 일어설 힘을 줄 것입니다.

오늘 우리 아이의 마음 밭에 어떤 '보물 씨앗'을 심어주시겠습니까?

그림책 한 권이 아이의 평생을 지혜롭고 행복하게 만드는 가장 값진 선물이 될 수 있음을 꼭 기억해 주세요.

그림책을 통해 아이의 두뇌가 즐겁게 춤추고, 창의성의 문이 활짝 열리며, 마음 밭에는 아름다운 보물들이 가득 채워지기를 진심으로 응원합니다. 어린 시절, 좋은 양식을 먹은 아이는 결국 좋은 삶을 살아갑니다.

시공간을 넘나드는 지혜가 그림책 안에 있습니다. 그림책은 아이의 마음에 씨앗이 되어, 자라서 나무가 되고, 마침내 삶의 열매를 맺게 합니다. 씨앗을 뿌리지 않고 나무가 되기를, 열매를 바라기는 어렵습니다.

부모님, 우리 아이의 마음 밭에 '보물 씨앗' 꼭 심어주시고, 정성껏 가꾸어주세요.

삶을 설계하는 시간
유아기 큰그림 교육

5장.
질문하고 탐구하며 스스로 답을 찾는 아이:
IB 정신을 담은 프로젝트, 잠재력의 꽃을 피우다

5-1. "가슴 뛰는 탐험, 스스로 배우는 기쁨!"
IB 교육 정신의 행동 프로젝트 활동으로 6대 핵심역량을 키우는 교육 이야기

강아지똥 그림 연구소 '똥 샘 프로젝트' 프로그램에서 발췌했습니다. 5장에서 교육과정 실행 적용 사례 소개할 때 교육의 정신 및 언어 등도 개발자이신 똥 샘 프로젝트 연구소 프로그램에서 발췌하였으며 연구소 대표 변순정 소장님께 감사드립니다.

아이들이 스스로 무언가를 발견하고, 온몸으로 부딪히며 새로운 것을 배워가는 순간, 그리고 그 과정에서 "나도 할 수 있어!"라고 말하며 성취감을 느낄 때, 아이들의 눈이 가장 빛난다고 생각합니다.

5세 반 '두뇌로 세계 여행 프로젝트' 활동 중에서

기초 도구 활동

□ 몸으로 배우는 행동 프로젝트
□ 신나는 놀이 프로젝트
□ 새로운 경험의 혁신 프로젝트
□ 그림으로 생각을 표현하는 프로젝트
□ 정신을 일깨우는 정신계발 프로젝트

유치원 교육에서 가장 핵심이 되는 시간은 바로 '교육과정 수업'입니다. 아이들이 유치원에 등원해 가장 먼저, 그리고 가장 오래 머무는 시간 속에서 우리는 어떤 배움을 선물할 수 있을지 늘 깊이 고민해 왔습니다.

유치원의 교육과정 변화는 2012년 누리과정 2020년 놀이 중심 누리과정 도입되었고 유보통합 시행 계획 2024년 발표되었으나 아직 진행 중입니다. 2022년 교육 개정으로 2024년부터 초등 1.2학년 시행되었고 점차 확대되고 있으며 학습자의 삶과 깊이 연계된 6대 핵심역량을 키우는 선진국 교육활동으로 변화하고 있습니다.

교육부 발표한 2022 개정 교육과정을 개발하면서 기초가 된 OECD 2030 학습 개념 틀, 즉 교육의 핵심 키워드와 방향을 이해해야 하는데 이유는 개정 누리과정에도 적용하겠다고 교육부가 발표했기 때문입니다. 2022 개정 교육과정에 관한 공부를 2024년 8월부터 6개월간 매주 1회 강의를 들으며 깊이 있게 공부하고 교사 교육까지 진행하였습니다.

지난 20여 년간 경험 중심 프로젝트 수업과 자연 교육을 통해 아이들이 직접경험하며 놀이하며 즐겁게 배우며 자라는 모습을 통해 깨달은 중요한 한 가지는, 지식을 전달하는 교육이 아닌, 아이들의 정신과 몸을 깨우는 경험 중심으로 스스로 힘을 기르는 교육이야말로 진짜 배움이라는 사실이었습니다.

아이들의 눈빛이 가장 반짝이는 순간은 언제일까요?

아이들이 스스로 무언가를 발견하고, 온몸으로 부딪히며 새로운 것을 배워가는 순간, 그리고 그 과정에서 "나도 할 수 있어!"라고 말하며 성취감을 느낄 때, 아이들의 눈이 가장 빛난다고 생각합니다.

이 '가슴 뛰는 탐험'과 '스스로 배우는 기쁨'은 아이들의 잠재력을 일깨우고, 미래를 살아갈 힘을 길러주는 소중한 원동력입니다.

오랜 시간 유치원에서 아이들과 함께하며 확신하게 되었습니다. 아이들이 진정으로 성장하는 배움은 스스로 탐구하고, 실험하며, 질문하고, 결국 자신만의 답을 찾아가는 과정에 있다는 사실을요. 이 철학은 제가 지향하는 IB(International Baccalaureate) 교육정신과도 맞닿아 있습니다.

프로젝트 교육을 실천하며 품고 있는 두 가지 신념이 있습니다.

"수고로움이 없이는 성장도 없다." 때로는 넘어지고, 실패하는 경험조차 아이들에게는 값진 배움입니다. 그 어려움을 극복하려는 과정에서 아이들은 더욱 단단하게 성장합니다.

"1그램의 경험이 1톤의 지식보다 낫다." 교육 철학의 핵심처럼 아이들은 책에서 배운 지식보다, 자기 몸과 마음을 통해 직접 겪고 느끼는 생생한 경험에서 훨씬 더 깊고 의미 있는 배움을 얻습니다.

그래서 우리 유치원의 프로젝트 활동은 철저히 '행동 중심', '경험 중심', 그리고 '아이 중심'입니다. 아이들의 삶과 분리된 추상적인 주제가 아니라, 아이들의 일상과 관심사에서 출발해, 아이들이 직접 조사하고, 탐색하고, 자료를 수집하며 놀이처럼 즐겁게 몰입하는 과정을 중요하게 여깁니다.

이러한 놀이 속 경험을 통해 아이들은 자신을 보호하는 법, 다른 사람과 협력하고 존중하는 태도, 그리고 스스로 문제를 해결하는 힘을 배웁니다. 아이들은 더 이상 수동적으로 지식을 전달받는 존재가 아니라, 자기 경험을 재구성하고, 새로운 의미를 창조해 내는 전인적인 배움의 주체가 됩니다.

프로젝트 활동의 실제

매년 3월, 아이들이 유치원에 처음 입학하면 한 달 동안은 '우리 유치원'을 주제로 한 활동과 함께, 앞으로 이루어질 다양한 프로젝트 활동에 내 생각을 표현하는 방법을 위해 첫 번째 도구를 이해하는 '창의 미술 놀이' 활동 그림과 발표로 생각을 표현하는 기초 과정을 진행합니다.

아이들이 사용하게 될 수채화 물감을 한 달 전 미리 팔레트에 짜놓고, 딱딱하게 마를 때까지 말립니다. 긴 도배지를 교실 바닥에 펼쳐, 아이들이 함께 그 위에 자유롭게 표현할 수 있도록 합니다.
 이렇게 바닥에 도배지를 까는 이유는 분명합니다. 혼자 하면 과제가 되고, 함께 하면 놀이가 됩니다. 틀려도 괜찮고, 서로 웃고 도우며 신나게 노는 가운데 새 학기를 자연스럽게 열어갈 수 있습니다.

1. "비가 옵니다" - 선 긋기
2. "번지기 번지기 톡톡톡" - 물감 번지기 기법
3. "사다리를 그리자" - 친구 집으로 놀러 가는 사다리 놀이 표현

 이러한 수업에서는 도구 사용법도 놀이처럼 익힙니다. 1번 수업 활동은 붓을 씻는 과정도 아이들이 언어로 세수하고~ 음률로 노래하듯 하며 붓을 물통에 담아 흔들며 씻도록 합니다. 붓을 씻은 후 수건에 살짝 붓을 터치 후 내가 원하는 색을 붓으로 칠할 때는 예쁘다 ~ 벽지에 비가 옵니다. 하며 선을 긋는 수업 활동합니다. 2번 활동은 번지기 번지기 톡톡톡 음률로 물감 번지기 활동을 하며 3.번 활동은 친구 집에 놀러 가요. 사다리 그리기 활동합니다. 노래하듯 즐겁게 익힙니다. 아이들은 이 시간을 통해 물감 사용법뿐 아니라 표현의 즐거움과 도구의 소중함도 자연스럽게 배워갑니다. 3월 신학기 이 활동을 하는 이유는 앞으로의 교육과정에 제 생각을 마음껏 표현하는 활동을 하기 위한 기초 수업이기 때문입니다.
 4월부터는 본격적으로 자연 관찰 활동을 시작합니다. 아이들은 직접 보고, 머릿속으로 정리하고, 자신의 방식으로 표현하는 진정한 프로젝트 활동을 경험하게 됩니다. 저는 오랜 시간 프로젝트 수

업을 진행하며 아이들의 창의성이 꽃피는 순간들을 수없이 목격했습니다. 그 경험을 바탕으로 '창의성의 네 가지 언어'를 정리해 보았습니다.

반복
프로젝트 활동 속에서 아이들은 끊임없는 반복을 통해 능숙해지고, "어? 나도 제법 잘하는데?" 하는 자신감을 느끼게 됩니다.

의지와 몰입
자신감을 얻은 아이는 활동에 더 깊이 빠져들고, "재미있다! 또 하고 싶다!"라는 마음이 자발적인 동기로 이어집니다.

성과와 혁신
몰입 속에서 성취를 경험한 아이는 "혹시 이렇게 해보면 어떨까?" 하고 새롭게 시도하는 창의적 도전합니다.

메타인지(성찰)
이 모든 과정을 통해 아이들은 자기를 돌아보고, 자신의 강점과 약점을 인식하며, 더 나은 나로 성장하는 메타인지 능력까지 갖추게 됩니다.

아이들이 프로젝트 활동 속에서 떠올린 소중한 생각들은 '아이디어 저금통'에 글이나 그림 쪽지로 차곡차곡 저장됩니다. 모둠 활동을 통해 친구들과 토론하고, 아이디어를 나누고, 각자의 개성을 담아 모둠 이름도 직접 지어보는 등 배움은 점점 깊어지게 확장됩니다.

이러한 활동은 유치원을 넘어 가정에서도 이어집니다. 아이들의 배움은 교실 안에 머물지 않고, 삶 전체로 퍼져나가는 연결된 교육이 됩니다. 우리 유치원의 프로젝트 교육은 아이들의 자발적인 호기심에서 출발하여, 몸으로 부딪치고, 친구들과 함께 협력하며, 마침내 창의적인 결과물로 완성되는 가슴 뛰는 여정입니다. 이 배움의 여정 속에서 아이들은 스스로 배우는 기쁨을 만끽하며, 자기 삶을 주도적으로 살아가는 든든한 주인공으로 당당히 성장해 나갈 것입니다.

3세 벽지 활동 함께하면 놀이

5-2. 흙에서 식탁까지, 함께 키우고 나누는 '텃밭의 만찬' (숲과 우리 가족) 교육활동

생명의 순환, 자연의 섭리, 협력과 나눔, 자기표현과 민주적 의사소통, 감성, 창의성, 그리고 지식정보처리 능력까지…. 아이들이 살아가는 데 필요한 6대 핵심역량을 통합적으로 키우는 살아 있는 교육입니다.

우리 반 조별 모둠 간판과 텃밭의 만찬 5세 활동

겨울이 지나고 봄이 오면 만물이 소생하고, 우리 마음도 함께 꿈틀대기 시작합니다. 이 계절의 신선함을 닮은 봄 햇살 아래, 아이들과 가족이 자연 속에서 함께 뛰어놀며 행복한 추억을 쌓는 시간을 시작합니다. '텃밭 가꾸기'는 자연의 선물을 통해, 스스로 놀고 배우며 자연의 아름다움과 소중함을 온몸으로 느끼는 교육활동입니다.

이번 프로젝트는 '놀이 환경 구성'의 일환으로, 겨울잠에서 깨어나는 자연과 계절의 변화를 온몸으로 경험할 수 있도록 구성되었습니다. 꽃이 피고, 새싹이 돋고, 따스한 바람이 불어오는 이 봄날에 아이들은 자연 속 변화에 자연스럽게 노출되며, 스스로 놀이를 확장하고 감성을 표현하는 기회를 얻습니다.

우리가 이 프로젝트를 통해 이루고자 하는 교육 목표는 다음과 같습니다.

변화하는 계절의 날씨와 생활을 직접 체험하고 관찰하는 습관을 기릅니다.

자연의 변화 속에서 일어나는 일상적인 변화를 느끼고 삶 속에서 활용할 줄 압니다.

직접 키운 식물을 통해 노력과 보살핌의 가치를 깨닫고, 이를 생활 속에서 실천합니다.

친구 및 가족과 함께 협력하고 소통하며, 배려와 나눔의 기쁨을 경험합니다.

프로젝트의 시작은 아이들의 순수한 호기심에서 비롯됩니다.

"선생님, 우리가 먹는 채소는 어디서 와요?"

"씨앗을 심으면 정말 싹이 나요?"

이 질문들은 '텃밭 생각 모으기' 활동으로 이어져, 우리가 무엇을 심을지, 어떤 텃밭을 만들고 싶은지를 함께 상상하고 이야기 나누는 시간으로 확장됩니다. 아이들과 함께 '우리의 규칙'을 정하며 협력과 존중의 마음도 함께 다집니다.

이후 본격적인 텃밭 가꾸기가 시작되면, 아이들은 작은 손으로 모종삽과 미니 호미를 들고 씨앗을 심고 흙을 다듬으며 생명의 신비를 직접 경험합니다. 아침이면 텃밭으로 달려가 "잘 자라라!" 응원하며 물을 주고, 잎의 개수나 키의 변화 등을 관찰해 '텃밭 일기'에 기록합니다. 이 과정에서 아이들은 햇빛, 물, 정성과 사랑이라는 '보이지 않는 영양분'의 중요성을 자연스럽게 깨닫게 됩니다.

학부모님 협조 사항 자원목록은 프로젝트에 관련된 식물이나 꽃 관련 도서, 도구 등을 보내주시면 교실에 전시하여 아이들이 자유롭게 탐색할 수 있도록 합니다. 가정에서 보내주신 자원은 '자존감 책상'에서 친구들에게 소개하는 자원 발표 시간을 통해 더 의미 있는 배움으로 확장됩니다.

아이들은 팬지, 한련화, 허브, 상추, 오이, 고추, 토마토 등 다양한 식물의 씨앗을 심고, 모종을 옮겨 심으며 생명의 시작을 경험합니다. 유치원 텃밭뿐 아니라 자연학교로 현장학습을 떠나 밭고랑 만들기, 흙 뒤집기 활동을 통해 식물이 자라는 환경에 대해 더 깊이 배우고, 꽃과 모종을 관찰하며 다양한 식물에 대한 궁금증을 해결합니다.

꽃 재배단지를 방문해서는 매년 모종을 공급해 주시는 농장 사장님과의 인터뷰도 진행됩니다. 아이들이 사전에 작성한 질문지 목록을 바탕으로 직접 인터뷰하며, 전문가의 설명을 경청하는 소중한 시간입니다.

프로젝트는 약 5~6주간의 여정을 거쳐, 수확 후 모두 함께 즐기는 풍성한 '텃밭의 만찬' 파티로 마무리됩니다.

각 반은 3~4인 모둠으로 구성되고, 게임이나 뽑기를 통해 모둠 이름도 함께 정합니다. 가정에서는 해바라기 씨앗 심기, 임파첸스 모종 키우기 등을 연계 활동으로 진행하며, 관찰일지를 홈페이지에 올리기도 합니다.

모둠별로 채소를 활용한 요리 아이디어를 모아 '레시피 오디션'을 열고, 투표를 통해 우리 반 대표 레시피를 선발한 뒤 전체 유치원 어린이들과 공유합니다. 이 과정을 통해 아이들은 선택과 수용, 배려와 칭찬, 협력과 소통의 소중한 가치를 배워갑니다.

'나만의 앞치마 디자인' 활동을 마친 후에는 '리틀 포레스트 맛있는 정원' 견학을 통해 각종 채소를 관찰하고 수확하며 비빔밥 만들어 먹는 체험도 합니다. 루콜라와 허브 등 평소 쉽게 접하기 어려운 식재료들도 수확해 보는 경험은 아이들에게 특별한 즐거움이 됩니다.

각반 모둠 토의에서 레시피 계획, 전체 반 레시피 오디션 날 긍정의 언어로 투표합니다.

관련 그림책 『밭의 노래』, 『노아 아줌마의 채소밭 살리기 작전』을 읽고 모둠 활동으로 확장하며, 버려진 아이스박스를 활용해 '채소 냉장고' 업사이클링 프로젝트도 진행합니다. 우리 반 냉장고 이름 정하기 공모전을 열어 가족이 함께 이름을 정하고 홈페이지에 올린 뒤 투표를 통해 냉장고 이름을 선정하는 감성 놀이터 활동은 유치원과 가정을 잇는 아름다운 연결고리가 됩니다.

마지막으로, 유치원 마당에 각 반의 대표 레시피를 전시하고 긍정의 언어 스티커 투표를 통해 최고의 레시피를 선정합니다. 이 과정에서 아이들은 민주적 의사결정, 의견 존중, 서로를 격려하는 마음을 자연스럽게 배우게 됩니다.

'텃밭에서 만찬까지 경험하기' 멋진 파티를 하며 마무리

마침내, 텃밭의 만찬 파티 날.

아이들은 직접 만든 테이블 러너로 식탁을 꾸미고, 각자의 멋진 옷을 입고 교실을 파티장으로 바꿔 근사한 만찬을 엽니다. 정성껏 만든 음식을 함께 나누고, 신나는 춤도 추며 아이들의 얼굴에는 웃음과 성취감이 가득 번집니다.

'텃밭의 만찬' 프로젝트는 단순한 식물 재배 활동이 아닙니다.

생명의 순환, 자연의 섭리, 협력과 나눔, 자기표현과 민주적 의사소통, 감성, 창의성, 그리고 지식정보처리 능력까지….. 아이들이 살아가는 데 필요한 6대 핵심역량을 통합적으로 키우는 살아 있는 교육입니다.

아이들의 마음속에 오랫동안 기억될 이 아름다운 배움의 여정은, 앞으로의 삶을 살아가는 데 든든한 밑거름이 되어줄 것입니다.

5-3. 따뜻한 마음으로 세상을 탐험하다
'상냥이'와 배우는 긍정의 힘,
'두뇌로 세계 여행'으로 넓히는 생각의 지도

친구들과 잘 지낼 수 있는 것은 똑똑함,
재능과 같은 외적 조건에 있지 않습니다.
다른 사람의 마음을 잘 헤아리고 공감하는
능력에 달려 있습니다.
이러한 능력을 우리는
정서지능 (Emotional Intelligence, EQ)이라고 부릅니다.

Good morning 친애하는 친구들 프로젝트 중
우리 반 친구 상냥이 로봇, 각반 아이들 생각을 모아 제작

아이들이 행복한 어른으로 자라기 위해 꼭 필요한 것은 무엇일까요?

그것은 바로 다른 사람과 따뜻한 마음을 나누며 살아가는 공감 능력, 그리고 세상에 열린 시선과 긍정적인 태도로 다가서는 자세라고 생각합니다. 우리 유치원에서는 이러한 마음의 힘을 길러주는 특별한 프로젝트를 통해 아이들이 자연스럽게 배우고 느끼며 자라날 수 있도록 돕고 있습니다.

하나, '로봇 상냥이'와 함께 배우는 긍정의 언어, 따뜻한 마음 근육 만들기

"Good morning, 친애하는 친구들!" 구텐모르겐, 니하오, 매일 아침, 우리 반 아이들은 서로를 향해 이렇게 다정한 인사를 건네며 하루를 시작합니다. 이 프로젝트는 '정서지능(EQ)'의 중요성을 바탕으로, 놀이를 통해 긍정적인 말과 따뜻한 행동을 익히고, 마음을 나누는 방법을 배우는 활동입니다.

우리 반의 특별한 친구 '로봇 상냥이'는 아이들이 만든 재활용 로봇으로, 아이들의 다정한 말과 배려 깊은 행동으로 '마음 배터리'가 충전되는 사랑스러운 존재입니다.

"상냥아, 고마워!", "사랑해!", "잘 지냈니?" 같은 예쁜 말들이 상냥이를 움직이게 하지요. 심지어 점심시간에는 긍정의 언어를 '간식'처럼 먹여주고, 책을 읽어주며, 텃밭에 나가 함께 식물들과 놀기도 합니다.

가정에서도 상냥이 인형을 현관에 두고, 등·하원 시 가족 모두가 따뜻한 인사를 나누며 긍정의 말 습관을 함께 기르는 연계 활동을 진행했습니다.

또한, '15일 마음 편지 가정연계활동'을 통해 아이들은 가족에게 사랑, 감사, 칭찬의 마음을 직접 그림과 글로 표현하며 감정 표현 능력과 회복탄력성을 키워갔습니다.

이런 활동들은 아이들의 마음속에 서로를 존중하고 배려하는 힘, '마음 근육'을 단단하게 만들어줍니다. 나아가 협력적 소통 능력, 공동체 의식의 씨앗이 자연스럽게 자라나는 시간입니다.

둘, '두뇌로 세계 여행' - 열린 마음으로 세상을 배우다

이제 따뜻한 마음을 지닌 아이들이 더 넓은 세상을 향해 나아갈 시간입니다.

'두뇌로 세계 여행' 프로젝트는 교실을 넘어 전 세계를 상상으로 누비며 세계 각국의 문화와 삶의 모습을 만나는 흥미로운 여정입니다. 각 반 교실에는 커다란 세계지도를 바닥에 붙여, 아이들이 나라를 직접 찾아보고, 특징을 그려보며 세계 탐험 놀이를 펼칩니다.

세계의 랜드마크 조사, 나만의 건축물 디자인 발표, 조별 토의로 정한 여행지 포스터 제작 등 다양한 탐구 활동을 통해 아이들은 지리, 역사, 문화의 경계를 넘나들며 생각의 지도를 넓혀 갑니다.

유치원 행사에서 조별로 만든 여행지 포스터를 전시하고 동생 반과 교직원 대상으로 투표를 받으며 자연스럽게 발표력과 자신감을 기르는 경험도 했습니다.

'세계 수도 송'을 노래로 배우며 세계 여러 나라의 수도를 즐겁게 익히는 모습은 견학 중에도 아이들의 노랫소리로 이어졌습니다.

이러한 활동은 아이들에게 다양한 문화를 존중하는 마음을 키워주고, 긍정적이고 열린 태도로 세계를 바라보는 힘을 길러주는 밑거름이 됩니다. 아이들은 이 가상의 여행을 통해 지식정보처리 역량, 창의적 사고 능력은 물론, 세상을 보는 눈과 국제적 소양을 함께 키워나갑니다.

코팅된 대형 세계지도 각반 사주어 각 나라 조사 탐색 활동하기
우리 조가 가고 싶은 여행지 조사 탐색해 포스터 제작 후 홍보하기 활동

프로젝트를 마무리하며

'상냥이'와 함께 긍정의 말을 배우고, 세계 여행을 떠나는 두뇌 탐험을 하며 아이들은 어느새 자신의 마음과 세상을 따뜻하게 바라보는 시선을 갖게 되었습니다.

이러한 경험은 단순한 놀이를 넘어, 진심으로 타인을 이해하고 공감할 줄 아는 마음, 그리고 새로운 가치를 수용하는 열린 생각을 키워주는 귀한 시간이었습니다.

"가슴 뛰는 탐험을 즐기며 스스로 배우는 아이" 이 한 문장이 아이들의 지금과 미래를 가장 잘 표현해 줍니다. 우리 아이들이 따뜻한 말 한마디로 세상을 바꾸고, 넓은 시야로 미래를 설계하며, 더불어 살아가는 지혜를 품은 사람으로 자라나기를 진심으로 바랍니다.

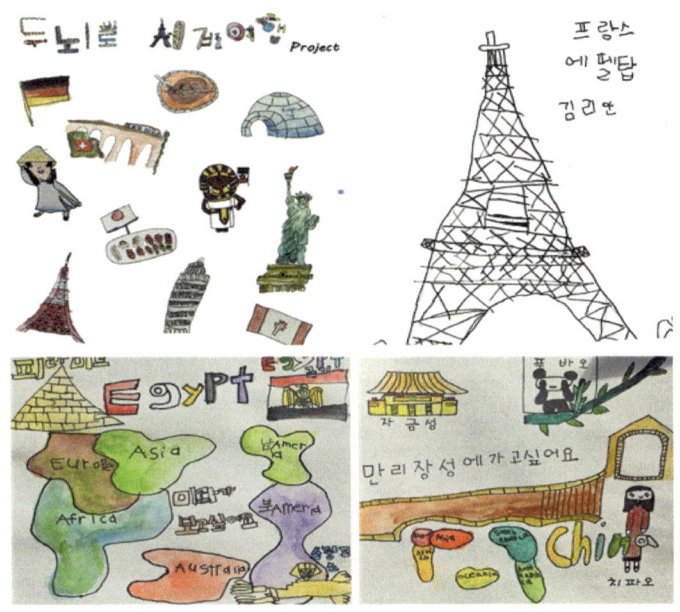

두뇌로 세계여행 프로젝트 활동

5-4. 일상 속 향기로운 예술, '허브' 교육활동
오감 체험으로 심미적 감성역량을 꽃피운다.

문화 예술적 감성을 통해 공감적 이해를 키우고,
우리 삶의 가치와 의미를 높이는 아름다운 여정

4, 5세 반 4월부터 10가지 허브 텃밭에 심고 가꾸며 허브프로젝트 활동
허브 표상 활동 후 현수막 제작 전시

오늘날 우리는 무분별한 자연관으로 인해 오염된 환경에 둘러싸여 있으며, 이는 우리 삶과 건강에 직접적인 영향을 미치고 있습니다. 이러한 시대 속에서 '허브'는 자연이 우리에게 준 소중한 선물입니다. 예로부터 약초와 향료로 사용되어 온 허브는 오늘날에도 우리의 삶을 건강하고 풍요롭게 만들어주는 '자연 지킴이이자 건강 지킴이'로 사랑받고 있습니다.

이번 '허브 프로젝트'는 허브에 대한 다양한 오감 체험을 통해 자연과 인간, 그리고 삶에 대한 공감적 이해와 심미적 감성을 키워가는 여정입니다. 아이들이 자연의 향기와 색, 감촉을 온몸으로 느끼며, 삶의 의미와 가치를 발견하고 따뜻하고 행복한 미래로 한 걸음 더 나아가도록 돕기 위해 기획되었습니다.

향기로 피어나는 일상, 감성이 자라는 시간

"우리 아이들의 일상에 향기로운 자연과 예술을 선물한다면, 그만큼 마음을 풍요롭게 하는 일도 없을 것입니다."

이 프로젝트는 아이들의 오감을 깨우고, 뇌의 감정·정서 중추인 변연계와 시상하부를 부드럽게 자극하는 자연 그대로의 '아로마 치료법'이자, 아이들의 심미적 감성 역량을 꽃피우는 감성 교육입니다.

2학기인 9월 본격적으로 시작되지만, 아이들은 따스한 4월 봄볕 아래 작은 손으로 허브 모종을 심으며 첫발을 내디뎠습니다. 라벤더, 로즈메리, 페퍼민트, 케모마일 등 저마다 다른 향과 모양을 가진 허브들과 만나는 순간, 아이들의 감각은 섬세하게 열리기 시작합니다.

"이 풀에서는 사탕 냄새가 나요!" "만지니까 손에서 좋은 향기가 나요!"

이처럼 아이들은 저마다의 발견을 꽃으로 피워냅니다.

교실 곳곳에는 허브 향이 담긴 향초와 도자기에 얹힌 로즈메리가 은은히 퍼져 아이들이 등원하는 순간부터 향기로운 환경이 조성됩니다. 아이들은 우리가 심은 10가지의 허브의 자라는 모습을 매일 관찰하고, 그림으로 기록하며, 직접 가위로 잘라 물에 담가 뿌리가 나와 자라는 실험도 합니다. '허브 마인드맵'과 '2차 주제망'을 함께 구성하며 허브에 대한 지식과 호기심을 넓혀 갑니다.

"허브로는 차도 만들 수 있고, 방향제나 향초도 만들 수 있대요!" 아이들의 탐구는 끝없이 이어집니다.

감성을 입힌 창의적 표현 활동

깊이 있는 탐색은 곧 창의적인 표현 활동으로 자연스럽게 확장됩니다. '허브로 생활용품 디자인하기' 활동을 통해 아이들은 자신만의 감성을 담은 멋진 작품을 만들며 재창조의 혁신을 이루어 아름다움에 대한 감각을 키워가는 심미적 감성역량을 키웁니다. 300여 종의 허브가 자라는 천문 허브 공원과 허브 용품 전문점도 직접 방문하며, 아이들은 어느새 작은 '허브 박사'가 되어 있습니다.

마트나 카페에 가서도 허브 제품을 찾아보며 "이건 우리 수업시간에 배웠어요!" 하는 아이들의 반짝이는 눈빛은, 학부모님들의 일상에도 기쁨으로 퍼져갑니다. 초등학교 오빠에게 허브를 설명하며 마늘, 깻잎도 허브라고 알려주었다는 부모님 이야기를 듣기도 했습니다.

온 가족이 함께하는 '허브 상회'와 감동의 세족식

정성껏 만든 광고지를 들고 부모님을 초대한 날, 교실은 아이들이 만든 허브 작품들과 향기로 가득합니다.

허브프로젝트 활동 생활용품에 허브로 디자인 하다

'허브 비누', '허브 식초', '허브 소금', '허브 책갈피' 등 아이들이 직접 만든 생활 속 제품들은 실용성과 감성을 동시에 담아내며 진정한 창작물로 탄생했습니다.

특히 하얀 세면 양동이에 직접 허브 그림을 그려 채색하고 광칠로 마감한 '허브 세면 양동이'는 세상에 단 하나뿐인 아이들의 걸작이 되었고, 그 안에서 이루어진 '허브 세족식'은 모두의 마음에 깊은 울림을 안겼습니다.

아이들이 정성껏 키우고 말린 허브를 담은 주머니를 선물하고, 허브 기름을 풀어 따뜻한 물로 부모님의 발을 씻겨드리는 시간. 작은 손으로 발 마사지하며 감사와 사랑을 전하는 순간, 부모님들의 눈가엔 눈물이 고이고, 아이들은 존경과 사랑을 온몸으로 표현하며 삶의 본질을 경험합니다.

나눔으로 완성되는 프로젝트의 아름다움

더욱 뜻깊은 것은, 이날 허브 상회에서 판매된 모든 수익금을 우리 이웃을 위해 기부했다는 점입니다. 아이들은 "우리 정성이 다른 사람에게 도움이 될 수 있다"라는 사실에 자부심을 느끼며 나눔의 기쁨과 공동체의 책임감을 자연스럽게 배우게 됩니다.

'허브 프로젝트'는 아이들이 일상에서 아름다움을 발견하고, 오감으로 자연과 교감하며, 창의적으로 자신을 표현하고, 이웃과 나눔을 실천하는 살아있는 예술 교육입니다.

허브의 향기가 아이들의 마음을 어루만지고 뇌를 깨우듯, 이 프로젝트는 아이들이 세상을 더욱 따뜻하고 아름답게 바라보는 심미적 감성 역량을 기르게 하며, 더불어 살아가는 지혜를 배워 한 뼘 더 성장하는 소중한 시간이 될 것입니다.

5세 반 허브 프로젝트 중 동시 짓기 활동

5-5. 마음으로 걷는 '소풍 놀이'
　　온몸으로 발견하는 '놀이터 체험'
　　체험이 배움이 되는 순간들

감성 소풍 프로젝트 "행동하는 우리, Picnic 어디로 갈까?"

"나는 이제 매일 소풍을 갑니다."
봄꽃이 피는 들판에서,
아이들의 웃음이 넘실대는 놀이터에서,
돗자리에 책을 펼치고 마음을 여는 시간 속에서,
손수 봄나물을 캐며 흙과 친구가 되는 자리에서,
형님 반과 동생만이 서로를 찾아가 배움을 나누는 교실 안팎에서,
때론 슈퍼마켓이라는 일상 속 공간에서
한글을 배우는 생활 수업으로….
이렇듯 우리 아이들은 매일매일, 유치원이라는 공간에서
'소풍'을 떠납니다.

3세 반 감성 소풍 프로젝트 중 우리 반 돗자리 만들기 활동

우리 유치원에서는 모든 일상이 소풍이 됩니다.

'소풍'이라는 말은 더 이상 특별한 날의 이벤트가 아닙니다. 재미있고 행복했다면, 그 순간이 곧 소풍이지요. 우리는 아이들이 "나는 이제 매일, 행복한 소풍을 갑니다"라고 말할 수 있는 삶을 살아가기를 바랍니다.

아이들의 배움은 결코 교실 안에서만 이루어지지 않습니다.

네모난 교실의 틀을 벗어나 문을 활짝 열고 나갈 때, 아이들은 보고, 듣고, 만지고, 느끼며 살아있는 체험을 통해 훨씬 더 깊고 의미 있는 성장을 이뤄갑니다.

우리 유치원은 삶 그 자체가 배움이 되는 공간이 되기를 바랍니다. 그래서 우리는 아이들이 온몸으로 세상을 경험하고, 그 속에서 지혜를 발견할 수 있는 프로젝트들을 지속해서 운영하고 있습니다.

3세 아이들의 마음을 어루만지는 '감성 소풍'과
4~5세 아이들 생각의 폭을 넓히는 '지혜의 놀이터 투어' 이야기

1. 3세 반 '감성 소풍'
— 자연 속에서 내 마음의 소리에 귀 기울여요.

3세 아이들과 함께하는 '감성 소풍'은 단순한 야외 활동을 넘어서, 아이들이 자연과 깊은 교감을 통해 자신의 감정을 섬세하게 느끼고 표현하며, 따뜻한 감수성을 키워나가는 귀한 시간입니다. 계절의 숨결을 따라 숲길을 걷고, 유치원 정원에서 돗자리를 펴서 간식을 나누며 서로의 마음을 듣고, 형님 반 교실로 떠나 새로움을 만나는 시간도 소풍이 되고, 부모님과 함께 뛰어노는 1학기 운동회조차 가족 소풍이 됩니다.

유치원 교실이 부모님 보내주신 자원으로 야영장 되고, 마당 정원에 큰 텐트를 치고 바비큐 파티 소 풍장이 됩니다. 부모님께서 일일 선생님 되어 주셔서 대형마트에 한글 소풍 여행도 떠나 과자 봉지의 한글들을 찾아보고 사서 유치원에 와서 글자들을 다시 쓰고 발표하는 소풍도 합니다. 그 속에서 아이들은 자연스럽게 위로받고, 기쁨을 누리며, 자신의 감정을 건강하게 표현하는 법을 배웁니다.

이러한 경험은 아이들의 심미적 감성역량과 자기관리 능력(정서 조절), 공동체 역량을 자연스럽게 기르며, 자연이라는 가장 편안한

친구 앞에서 자신의 마음을 솔직하게 들여다보는 기회를 선사합니다. 그리고 그 과정을 통해, 아이들은 자신을 더 깊이 이해하고 사랑하게 됩니다.

2. 4~5세 반 '지역사회 연계 놀이터 투어'
   - 놀이 공간에서 세상을 배우고 설계하다
   □ "우리는 놀이터를 설계합니다."
   □ "엄마는 행복을 설계합니다."
   □ "아이들에게 놀이터는 밥입니다."

오늘날 우리 아이들은 놀이조차 어른의 허락이 필요한 시대를 살고 있습니다.

놀이터가 없는 것이 아니라, 놀 시간이 부족한 현실 속에서, 놀이는 단순한 시간이 아니라 아이들에게 삶 그 자체이며, 미래를 준비하는 배움의 장입니다.

'지혜의 놀이터 투어'는 아이들이 다양한 놀이 공간을 직접 경험하고, 그 속에서 관찰하고

"이 미끄럼틀은 왜 이렇게 인기가 많을까?"

"저 그네는 키가 작은 친구도 편하게 탈 수 있을까?"

"우리 동네에 이런 놀이터가 많아지려면 어떻게 해야 할까?"

이런 질문을 아이들 스스로 던지고, 친구들과 함께 답을 찾아가는 과정은 놀이를 넘어 작은 도시 설계자, 공간 디자이너로 성장하는 경험이 됩니다. 이 활동을 통해 아이들은 스스로 놀이를 기획하고, 계획을 세우며, 실행하고, 문제를 해결하고, 이견을 조율하고 협력하는 역량을 기르게 됩니다. 다양한 놀이터 나가 놀려면 우리

반 교실에서 책임과 의무를 서로 다 같이 협동하여 시간을 만들어야 하므로 우리는 책임과 의무를 다한 자만이 놀 자격이 있다고 말하며 놀이터에서 놀 때의 규칙도 함께 의논하여 정합니다. 그리고 우리는 내 몸을 스스로 안전하게 지켜 놀 수 있다고 엄마 나를 믿고 기다려 달라고 합니다. 아이들이 다양한 놀이터에서 신나게 놀아본 아이들은 그 경험으로 자신의 놀이터를 설계하여 표현한 그림은 놀랍도록 창의적이고 멋진 작품이 탄생 됩니다. 놀이는 책임, 의무와 자유를 함께 배우는 시간입니다.

아이들은 말합니다. "엄마, 제 몸은 제가 지킬 수 있어요. 저를 믿고 기다려 주세요." 이 프로젝트는 다음과 같은 역량을 키우는 데 큰 의미가 있습니다.

□ 계획 능력과 실행력 □ 문제 해결 능력 □ 관찰력과 분석력
□ 창의적 사고와 협업 능력 □ 더불어 살아가는 공동체 의식

아이들은 이 과정을 통해 놀이터가 단지 노는 공간이 아니라, 모든 사람의 필요와 생각이 담긴 지혜의 공간'임을 깨닫게 됩니다.

체험은 곧 진짜 배움입니다.

3세 아이들의 '감성 소풍', 4~5세 아이들의 '지혜의 놀이터 투어'는 모두 교실 밖으로 나가 삶을 배우는 살아있는 교육입니다. 아이들은 책 속 지식을 넘어, 자기 삶과 세상을 깊이 이해하는 지혜와 감성을 함께 키워갑니다. 하루하루가 즐거운 발견과 의미 있는 체험으로 채워질 때, 아이들은 세상을 향한 긍정의 시선을 지니고, 어떤 어려움도 이겨낼 수 있는 단단한 내면의 힘을 가진 사람으로 자라날 것입니다. 우리 아이들이 이 '소풍 같은 배움'을 통해 내일의 따뜻한 리더로 성장하길 진심으로 바랍니다.

3, 4세 반, 지혜가 숨 쉬는 놀이터 투어 프로젝트 중
"나는 나를 안전하게 지킬 수 있어요. 엄마, 여기서 편히 쉬세요"
부모님께 드릴 의자놀이터 디자인 하기

5-6. 생각을 나누고, 공간을 바꾸며, 함께 성장하는 우리

'열린 토론'과 '꿈의 교실 만들기'
비경쟁 토론, 디베이트 이야기

<토론 약속>

1. 한 사람씩 말하기
2. 또박또박 말하기
3. 끼어들지 않기
4. 삐지지 않기

♣ 받음, 벨 준비

콜벨을 손에 쥐고, 오늘도 우리는 마음을 여는 대화를 시작합니다. '열린 토론'과 '꿈의 교실 만들기' 프로젝트는 아이들이 서로의 생각을 듣고, 나누고, 존중하며 함께 성장하는 시간입니다.

하나, "네 생각은 어때?"
- 그림책으로 여는 4세 반 '비경쟁 토론'과 부모 교육

4세 아이들과 함께하는 '비경쟁 토론' 시간은 누가 더 잘 말하느냐를 겨루는 자리가 아닙니다. 이 시간에는 정답을 말하려 애쓰지 않아도 괜찮습니다. 중요한 건 각자의 생각을 솔직하게 말하고, 친구의 이야기를 진심으로 듣는 것입니다.

게임처럼 조를 나누고, 모둠장이 콜벨을 챙겨 토론을 시작합니다. 그림책 『나는요』를 함께 읽은 뒤,

"만약 내가 주인공이라면 어땠을까?"
"이 장면에서는 어떤 기분이 들었을까?"

같은 질문을 통해 아이들은 자신의 마음을 돌아보고, 친구들의 마음에도 귀를 기울입니다.

모둠별로 돌아가며 발표하고, 서로의 이야기를 듣고, 함께 토의하며 궁금한 점을 질문목록으로 정리합니다. 그리고 그 목록 중에서 마음에 드는 주제를 골라 다시 새로운 조로 이동해 토론을 이어갑니다. 그렇게 세 번의 라운드를 돌며 아이들은 질문하고 대답하는 과정을 자연스럽게 익히고, 사고의 폭도 넓혀 갑니다.

특별한 점은 이 '비경쟁 토론'을 부모 교육 시간에도 똑같이 적용한다는 것입니다. 부모님들은 아이들과 같은 방식으로 그림책을 읽고, 생각을 나누며 토론에 참여합니다. 처음엔 낯설고 어색해하시던 분들도 어느새 서로 눈을 맞추고, 진심을 담아 말하고 듣는 데 집중하게 됩니다.

"우리 아이가 이런 생각을 하는 줄 몰랐어요."
"그림책 한 권으로 이렇게 깊은 대화가 가능하다는 게 놀라워요."
이런 부모님들의 이야기 속에서, 우리는 가정에서도 이어질 수 있는 따뜻한 소통의 가능성을 봅니다. 아이의 마음을 더 깊이 이해하고, 가정에서도 서로의 감정을 존중하는 대화가 시작되는 순간입니다. 5세는 코끼리가 컸어요. 그림책을 읽고 '동물원은 필요한 것인가'로 찬반 토론을 합니다.

찬성과 반대의 의견을 서로 발표하고 난 후 생각이 바뀐 어린이들은 왜 생각이 바뀌었는지 발표합니다. 토론 수업 활동을 통해 타인의 생각을 존중하고 내 생각을 정리하며 토론하고 타인의 생각을 수용하는 태도를 배워갑니다.

둘, "우리가 꿈꾸는 교실"
- 5세 초등 이음 프로젝트: '매일 가고 싶은 우리 교실 만들기'
"왜 우리가 생활하는 교실을 만들 때, 우리의 의견은 묻지 않나요?"
곧 초등학교에 입학할 5세 아이들에게는 새로운 환경에 대한 기대와 설렘, 그리고 작은 두려움이 공존합니다. 이러한 전환의 시기를 긍정적으로 이끌어주기 위해, 우리는 아이들과 함께 '매일 가고 싶은 우리 교실 만들기' 프로젝트를 시작했습니다.

이 프로젝트는 단순한 미술 활동이 아닙니다.
"우리가 가장 행복하고 즐겁게 배울 수 있는 교실은 어떤 모습일까?"라는 질문에서 출발해, 아이들은 자기 생각을 말하고, 기록하고, 다시 나누며 점점 더 구체적인 아이디어로 발전시켜 나갑니다.

세계 여러 나라 유치원의 교실을 탐색하고, 다양한 공간의 사진을 함께 보며, 다른 문화 속 교육 환경에 대한 호기심도 키워갔습니다. 그리고 우리 교실의 각 영역을 직접 설계하고, 꾸미고, 새롭게 이름 짓는 활동에 아이들은 진심으로 몰입했습니다.

완성된 '꿈의 교실'에는 초대장이 준비되어 있습니다.

형님들이 손수 만든 교실에 동생들을 초대해 함께 놀이하는 시간은 모두에게 잊지 못할 추억이 되었습니다. 그 순간 아이들의 얼굴엔 자부심과 기쁨이 가득했습니다.

"이건 내가 만든 의자예요."

"여기는 우리 모둠이 만든 독서 공간이에요!"

아이들은 자신이 만든 공간에서 마음껏 설명하고, 친구들과 함께하는 즐거움을 나누었습니다. 이 프로젝트를 통해 아이들은

- ✔ 공동체 의식
- ✔ 문제 해결력
- ✔ 창의적 사고력
- ✔ 실행력과 책임감을 키우고,

무엇보다도 자신의 목소리가 존중받는 경험을 하게 되었습니다.

마무리하며

생각을 나누는 시간, 공간을 바꾸는 경험은 결국 '사람을 성장시키는 교육'입니다. 토론을 통해 아이들은 자기 생각을 말할 수 있는 용기를 갖게 되고, 공간을 직접 설계하며 함께 사는 공동체의 가치를 자연스럽게 배우게 됩니다.

아이들은 '존중받는 경험'을 통해 자기 생각을 더 소중히 여기게 됩니다. 그리고 '함께 만들어가는 기쁨'을 통해 진짜 배움의 의미를 깨닫습니다. 이 모든 경험은, 내일의 따뜻한 리더로 성장하기 위한 가장 든든한 밑거름이 될 것입니다.

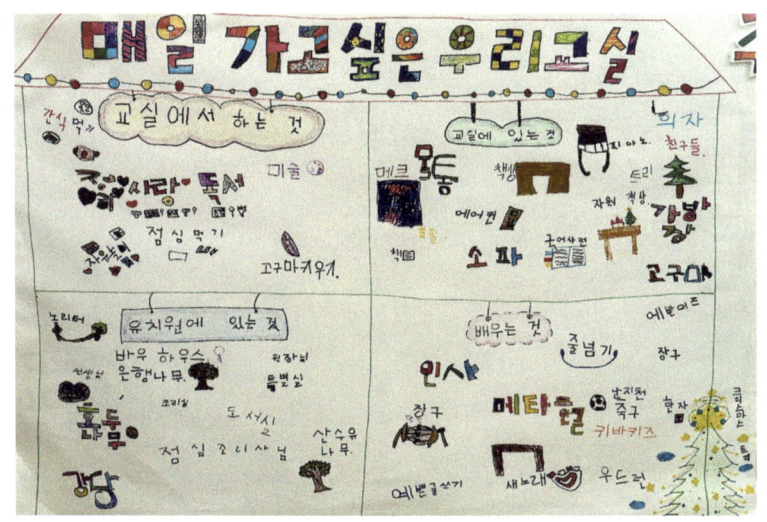

프로젝트 '매일 가고 싶은 우리 교실' 주제망

아이들이 토의하여 제작한 '매일 가고 싶은 우리 교실 설계도'

5-7. 아이는 다 다르기에, 모두 특별합니다

"우리는 하나하나 달라요. 크기도, 모양도, 할 수 있는 일도, 모르는 것도 달라요. 마음도, 걸리는 시간도 달라요. 그러니 '빨리빨리' 라고 말하지 마세요."

우리 아이들의 세상을 가만히 들여다보면, 마치 사계절 내내 꽃이 피어나는 정원처럼 저마다의 색과 향기를 지닌 존재들이 찬란히 피어나고 있음을 발견하게 됩니다. 어떤 아이는 환한 미소로 주변을 따스하게 밝혀주고, 어떤 아이는 깊은 사색 속에서 세상을 조용히 탐색하며, 또 어떤 아이는 넘치는 에너지로 새로운 도전 앞에서 한없이 들뜹니다. 이렇듯 세상의 모든 아이는 단 하나뿐인 존재이며, 그 '다름'이야말로 아이를 특별하고 소중하게 빛나게 하는 이유입니다.

부모님들과 그림책을 나누고 삶의 이야기를 나누며 함께 고민해 오면서, 아이들 각자가 지닌 고유한 색과 가능성을 발견하고 존중하는 일이 얼마나 소중한지를 절감해 왔습니다. 그래서 오늘은, 부모 교육 시간에 자주 드렸던 말씀들을 중심으로, '아이의 다름'을 어떻게 '특별함'으로 피워낼 수 있는지를 나누고자 합니다.

첫째, "아이들은 각자의 속도로 자랍니다"

부모님들께서는 종종 "왜 우리 아이는 말이 느릴까요?", "언제쯤 혼자서도 씩씩하게 해낼까요?" 하며 걱정 어린 시선으로 아이를 바라보시곤 합니다. 하지만 생명의 속도는 결코 하나로 정해져 있지 않습니다. 작은 씨앗이 흙 속에서 조용히 뿌리를 내리고 싹을 틔우기까지, 걸리는 시간은 모두 다릅니다. 그 다름은 결코 부족함이 아니라, 고유함입니다.

그림책 『빨리빨리 라고 말하지 마세요』는 이렇게 말합니다.

"우리는 하나하나 달라요. 크기도, 모양도, 할 수 있는 일도, 모르는 것도 달라요. 마음도, 걸리는 시간도 달라요. 그러니 '빨리빨리'라고 말하지 마세요."

이 책을 읽으면서 저도 마음이 뭉클해집니다. 우리 아이들에게 조급함 대신 기다림을, 비교 대신 이해를 건네야 한다는 사실을 다시금 되새기게 됩니다.

"빨리빨리!"라는 어른의 재촉은 아이가 자신만의 리듬으로 삶을 탐색할 기회를 빼앗을 수 있습니다. 아이가 지금 당장 무엇을 못한다고 해서 결코 뒤처지는 것은 아닙니다. 그저 아직 '필요한 시간'을 지나고 있을 뿐입니다. 부모님의 인내와 여유는 아이의 성장을 위한 가장 깊고 풍성한 자양분이 됩니다.

둘째, "부모의 믿음이 아이의 가능성을 엽니다"

아이에게 부모의 믿음은 마치 어두운 밤을 밝혀주는 등대와 같습니다.

"너는 할 수 있어." "네 생각을 믿어." "엄마 아빠는 언제나 네 편이야."

이런 말들은 아이의 마음 깊은 곳에 용기의 씨앗을 심습니다. 그 씨앗은 실패에도 좌절하지 않고 다시 일어서는 힘이 되고, 숨겨진 가능성의 문을 활짝 여는 열쇠가 됩니다.

교육 현장에서 만난 아이들은 자신을 믿어주는 한 사람 - 부모이거나, 교사이거나 그 존재 하나만으로도 전혀 다른 모습으로 변화하고 성장했습니다. 아이의 부족함보다 가능성에 초점을 맞춰주세요. 부모님의 따뜻한 눈빛 속에서 아이는 '나는 소중한 존재'임을 스스로 깨닫고, 세상을 향해 당당하게 나아갈 수 있습니다.

〈Good morning 친애하는 프로젝트 중
마음 근육 만들기 15일의 마음 편지 가정 연계 활동〉

셋째, "존중은 아이를 자기 삶의 주인으로 만듭니다"

아이를 인격체로 존중한다는 것은, 그 생각과 감정, 선택을 진심으로 귀 기울여 듣고 받아들이는 일입니다.

"네 생각은 어때?", "너는 어떤 걸 하고 싶니?"

이런 질문 하나가 아이 안에 잠든 자기 주도성의 불씨를 지피는 시작이 됩니다. 아이가 스스로 결정하고, 시행착오를 겪으며, 다시 도전할 수 있도록 기다려 주는 태도 속에서 아이는 진정한 의미의 '주체적인 존재'로 자라납니다.

그림책 『에드와르도, 세상에서 가장 못 된 아이』 속 에드와르도가 그랬습니다. 누군가의 비난 속에선 점점 더 거칠어졌지만, 따뜻한 시선과 존중을 받자 사랑스러운 아이로 피어났습니다. 아이는 그를 바라보는 어른의 눈빛에 따라 전혀 다른 존재로 자랍니다.

심리학자 데시와 라이언이 말한 내적 동기 이론(SDT)은 인간이 선천적으로 세 가지 욕구 －자율성 욕구, 유능감 욕구, 관계성 욕구－를 지닌 존재임을 강조합니다.

자율성은 자신이 선택한 삶을 살아가고자 하는 힘,
유능감은 자신이 의미 있는 존재라는 느낌,
관계성은 사랑받고 연결되고 싶어 하는 마음입니다.
이 세 가지는 아이 안에 이미 씨앗처럼 존재합니다. 해바라기나 강낭콩이 떡잎 속에 꽃과 열매를 품고 있듯이, 우리 아이들도 이미 충분한 가능성을 안고 태어난 존재입니다.

넷째, "사랑은 곧 따뜻한 보살핌입니다"
아이에게 전하는 사랑은 단지 말이나 감정이 아닙니다. 사랑은 눈을 맞추고, 이야기를 들어주며, 따뜻한 품으로 감싸주는 '보살핌'이라는 구체적인 행위로 표현될 때 진짜 힘을 가집니다.
아이가 배고플 때 밥을 짓고, 아플 때 손을 잡아주는 돌봄. 슬플 때 옆에 있어 주고, 기쁠 때 함께 웃어주는 위로. 이것들이 아이의 마음 밭에 사랑의 씨앗을 심고, 자존감이라는 나무를 키우는 일입니다. 이 꾸준한 보살핌 속에서 아이는 자신이 깊이 사랑받고 있음을 온몸으로 느끼며, 세상을 향한 신뢰와 안정감을 품게 됩니다.

우리 아이는 지금,
자신만의 속도로 아름다운 꽃을 피워내기 위한
여정을 걷고 있습니다.
어떤 아이는 들꽃처럼 수줍게,
어떤 아이는 해바라기처럼 환하게,
또 어떤 아이는 나무처럼 느리지만 단단하게 자라납니다.
아이를 재촉하거나 다른 꽃과 비교하기보다,
그저 사랑이라는 햇살과 보살핌이라는 물을 넉넉히 건네며 그 아이만의 꽃이 피어나기를 함께 기다려 주세요.
모든 아이는 다르기에,
세상의 모든 아이는 그 자체로 가장 특별한 존재입니다.
그리고 부모님의 사랑 속에서 그 특별함은
더욱 찬란히 빛날 것입니다.

5-8. 유아기는 평생의 성장을 설계하는 시기입니다.
　　　빅 피쳐 큰 그림의 교육을 하는 부모되기

유아기는 평생의 행복과 성장을 위한 가장 튼튼하고 아름다운 기초를 세우는 '삶의 설계도'를 디자인하는 시간입니다.

자녀 이해 돕기 부모 교육 중 '보는 눈 키우기' 활동 작품

이 책을 통해 긴 교육 여정을 함께 걸어주신 모든 분께, 마음 깊이 감사의 인사를 전합니다. 우리는 지금, 한 아이의 인생에서 가장 눈부시고도 결정적인 시기 - 바로 유아기라는 아름다운 정원의 마지막 문 앞에 서 있습니다.

대학을 졸업하고 사회인으로 성장한 외동아들을 키우며 많은 시행착오를 겪었던 엄마 이자 40여 년의 유아교육 현장에서 원장으로 아이들과 함께하는 나를 돌아보며 책의 첫 장부터 지금, 이 순간까지 제가 부모님들과 함께 나누고 싶었던 마음은 단 하나였습니다. 그것은 바로, 우리 아이들의 유아기가 평생의 행복과 성장을 위한 가장 튼튼하고 아름다운 기초를 세우는 '삶의 설계도'가 되기를 바라는 마음이었습니다.

돌이켜보면, 우리는 이 여정을 통해 아이의 삶을 풍요롭게 가꾸는 다섯 가지 보물을 함께 찾아 나섰습니다.

첫 번째 보물은 사랑의 애착(1장)이었습니다.
부모님의 따뜻한 품에서 자라난 안정된 애착은, 아이가 세상을 향해 첫발을 내딛는 데 필요한 가장 근원적인 용기이자, 모든 성장의 든든한 뿌리입니다.
이 깊은 유대감 위에서 아이는 자신을 믿고, 세상을 신뢰하며, 마음껏 탐험을 시작할 수 있습니다.

두 번째 보물은 세상을 바라보는 관찰의 힘(2장)이었습니다.
아이들은 눈을 반짝이며 세상을 관찰하고, 호기심의 싹을 틔웁니다. 잠시 멈춰 서서 풀잎을 들여다보고, 온몸으로 자연을 느끼며, 수많은 질문과 표현을 통해 자신만의 방식으로 세상을 이해하고 배워갑니다.

관찰은 단순한 '보는 것'을 넘어, 생각의 씨앗을 틔우고 감성의 물결을 일으키는 놀라운 힘입니다.

세 번째 보물은 자연 속 배움, 숲 교육(3장)이었습니다.
교실의 벽을 넘어 생명이 살아 숨 쉬는 숲으로 나아갈 때, 아이들은 그곳에서 오감으로 세상을 배우고, 나뭇가지 하나로도 무한한 상상의 나래를 펼치며 창의적인 존재로 성장합니다.
작은 도전과 성공을 통해 회복탄력성을 기르고, 생명을 존중하고 더불어 살아가는 마음을 배웁니다. 숲은 아이들에게 가장 진실한 교실이자, 생명의 교과서입니다.

네 번째 보물은 지혜와 감성을 심어주는 그림책(4장)이었습니다.
그림책은 아이의 마음에 작은 우주를 열어주는 문입니다.
한 권 한 권은 상상력의 샘이자, 이야기의 힘을 깨닫게 해주는 따뜻한 친구이며, 부모님과 함께하는 그림책 시간은 아이의 평생을 비추는 마음의 등불이 됩니다.

그리고 마지막 다섯 번째 보물은,
탐험하고 행동하는 프로젝트 활동(5장)이었습니다.
아이들은 스스로 질문하고 탐구하며, 자신이 배운 것을 삶에 적용하고, 친구들과 협력하여 문제를 해결합니다. 저의 오랜 교육 경험과 IB 교육 정신, 그리고 살아있는 교육의 실천을 통해 우리는 아이들이 삶을 주도적으로 설계해 갈 수 있도록 돕고 있습니다.
2024년, 영국 유아교육 기관을 탐방하던 중 '유보통합 발표 뉴스'를 접하게 되었고, 함께 연수에 참여한 육아 정책 연구소 박사님, 유아교육과 교수님, 여러 원장님과 열띤 토론을 통해 우리 유아교육의 방향에 대해 깊은 공감을 나누었습니다. 우리 모두 유아교육의 발전을 바라는 마음은 같다는 것을 느끼는 시간이었습니다.

다시 교육현장에 돌아와 역량 전문가이신 김정권 소장님과의 만남을 통해 2024년 8월~ 2025년 2월까지 매주 1회 교육받으며 2022 개정 교육과정을 이해하게 되었습니다. 김정권 소장과의 만남은 내 교육의 방향과 그동안 나의 교육 철학을 더욱 빛나고 아이들에게 더 좋은 인재를 교육할 수 있는 밑거름되어 매우 소중한 만남이었습니다.

2024년부터 우리나라에서도 2022 개정 교육과정 초등 1·2학년부터 적용 시행이 되었고 2025년 초·중·고로 점차 확대 시행되고 있습니다. 개정된 교육과정의 배경과 방향성을 정확히 알아야 제대로 된 교육을 할 수 있기에 교사 교육도 시행하였습니다. 6대 핵심역량과 하위 요소까지 깊이 있는 교사 교육을 통해 교육의 질적 향상을 위해 함께 노력하였습니다. 교육기관의 공동체가 함께 노력하고 변화하며 발전을 위해 고민해야 좋은 교육기관이 될 수 있다고 확신합니다. 처음 신학기 준비 때 교사 채용 면접부터 항상 자기 계발 힘쓰고 발전하는 사람을 강조하며 좋은 인재를 채용하려고 노력하였습니다.

2022 개정 교육과정의 특징은 선진국의 OECD 2030 학습 개념도를 기반한 학습자의 삶과 깊이 연계된 깊이 있는 핵심역량 신장입니다. 지식, 태도, 기능(즉 지식을 배워 어떠한 태도와 인성으로 실생활에 적용하는 능력)입니다. 핵심역량으로 6대 핵심역량 1. 자기관리, 2. 지식정보처리, 3. 창의적 사고, 4. 심미적 감성, 3. 협력적 소통, 6. 공동체 역량과 같은 핵심역량을 이해하고 유아들에게 적용하는 교육을 해야 할지 살아있는 배움의 장입니다.

부모 교육을 통해 변화된 교육과정으로 어떻게 인재를 교육하는가, 어떤 방향성으로 내 아이를 교육해야 할까? 김정권 소장님을 모시고 "세상을 살아가는 데 **필요한 힘을 가르치는 유아교육**" 주제 부모 교육을 하였고, 재원생 신입 학부모들에게도 자료와 공부한 내용의 정보들을 제공하였습니다. 2024년 교육설명회에 다녀가신 학부모님들께서 앞으로 우리가 나아가야 할 교육의 방향성에 대해 공감해 주셨고 지지해 주셨습니다.

김정권 소장님은 역량 교육으로 전국 강의를 다니시며 2025년 "세상을 살아가는 힘" 책을 출간하였습니다. 학부모로부터 독립된 삶을 살아가는 힘에 대한 핵심역량에 관한 귀한 책은 특히 교사, 학부모, 원장들에게 꼭 추천해 드리고 싶은 책입니다.

그동안 저는 그림책을 활용한 인성·창의성 교육, 숲에서의 감성 교육, 외국의 선진 유아교육 현장 연수, 프로젝트 기반 교육과정 연구, 그리고 2022 개정 교육과정인 역량 교육까지, 멈추지 않고 배우고 실천해 왔습니다. 주변 지인들은 이제 공부 그만해도 되지 않냐고 하시지만, 배움을 멈추지 않고 실천해 왔습니다.

이러한 시간은 우리 아이들에게 좋은 교육을 할 수 있는 기반이 되는 시대의 흐름을 읽을 수 있는 통찰력과 창의적인 사고력을 심어주는 귀중한 토양이 되었습니다. 또한 나 자신의 삶을 잘 살아가기 위한 성장이기도 하였습니다. 최영애 박사의 가르침처럼 "인간은 끊임없이 학습하는 존재"라는 말을 새기면서 배움을 실천했을 때 내 삶을 더욱 풍요로워진다는 지혜를 알게 해주었습니다.

코로나 시기 감동적으로 제 마음을 두드린 제임스 앨런의 "위대한 생각하는 힘" 책을 읽으며 나의 삶과 행복 불행 모든 것도 결국 자신 생각이 자기 운명을 결정한다는 배움을 나 자신 마음에 새긴 그때의 떨림을 잊지 않으려고 노력하며 삶 속에서, 유치원에서 교육자로 어려움이 올 때, 이 마음을 다시 묵상하며 나아갑니다.

오늘도 참 재밌다 !! 우리 유치원을 만들기 위해 많은 시간관 비용, 정성을 쏟아온 나의 마음은 아이들을 사랑하는 그 마음이었습니다.

원장 선생님에게 달려와 안아주는 아이들. 책도 들려주세요. 춤 춰 주세요. (아이들과 매주 1회 교실에 들어가 그림책 들려주고 1:1 아이 손을 잡고 추는 춤, 저만의 댄스가 있는데 아이들이 무척 좋아해 준답니다.) 우리 천사들이 행복한 배움터를 위해 앞으로도 더욱 노력할 것입니다.

이 다섯 가지 보물은 결코 따로따로 빛나는 것이 아닙니다. 안정적인 애착을 바탕으로 아이는 세상을 관찰할 용기를 얻고, 자연 속에서 마음껏 뛰어놀며, 그림책을 통해 상상력을 키우고, 마침내 프로젝트 활동을 통해 자신이 배운 모든 것을 통합하고 창의적으로 표현하며 자기 삶을 스스로 '설계'해 나가는 것입니다. 이 모든 경험이 서로 아름답게 어우러질 때, 우리 아이들의 유아기는 평생 지속될 행복과 성장의 튼튼한 기초를 다지는 결정적인 시간이 될 것이라 저는 굳게 믿습니다.

물론 아이를 키우는 여정은 때로는 어렵고 힘든 순간들도 마주하게 됩니다. 하지만 기억해 주세요. 우리 아이들은 모두 저마다 다른 모습으로, 각자의 특별한 속도로 성장하는 고귀한 존재들입니다. 부모님의 깊은 믿음과 따뜻한 기다림, 그리고 변함없는 사랑과 보살핌이야말로 아이의 무한한 가능성을 열어주는 가장 강력한 열쇠입니다.

부모님의 마음속에 우리 아이의 유아기를 더욱 사랑과 지혜로 채워주고 싶다는 따뜻한 다짐이 새겨졌기를 소망합니다. 유아기는 정말 한 사람의 평생을 좌우하는 성장의 기초를 다지는 너무나 소중하고도 결정적인 시기입니다.

  이 빛나는 시간을 우리 아이들이 가장 행복한 기억으로 채우고, 미래를 향해 힘차게 나아갈 수 있는 든든한 삶의 밑거름을 다질 수 있도록, 부모님께서 가장 훌륭한 안내자이자 가장 따뜻한 동반자가 되어주시기를 간절히 바랍니다.

  저의 오랜 교육 여정 속에서 길어 올린 작은 지혜들이 부모님들의 행복한 육아에 작은 등불이 될 수 있었다면 더없는 기쁨이겠습니다. 우리 아이들의 아름다운 성장을 항상 응원합니다.

2024, 2025년 관찰 (보는 눈) 부모 교육활동 후 나만의 파우치 제작

에필로그 (Epilogue)

　유아들의 성장을 돕는 교육자와 한 아이의 엄마로 살아온 저의 삶과 부족한 경험을 한 권의 책으로 엮어낼 수 있었던 것은 결코 저 혼자만의 힘이 아니었습니다. 이 책을 마무리하며, 저의 오랜 교육 여정을 함께해주시고 이 책이 세상에 나올 수 있도록 빛을 비추어주신 고마운 분들께 마음을 전하고자 합니다.

　항상 바쁘게 일하는 아내가 제대로 따뜻한 밥 잘 못 챙겨 줘도 항상 응원해주고 유치원 행사에도 적극 도와주며 아이를 보살펴 주었던 남편, 바쁜 엄마여서 잘 챙겨 주지 못했는데 벌써 잘 자라 성인이 된 아들 너무 감사하고 사랑합니다.

　자연 교육에 대한 철학과 관심을 끌게 해주시고 많은 교육으로 이끌어주신 도금옥 자란다 어린이미술관 관장님, 놀이 중심 경험 중심의 교육을 실현하는 교육프로그램을 개발하여 교육해 주시며 이끌어주신 프로젝트 변순정 소장님, 그림책을 활용한 두뇌 발달과 창의성, 인성 교육을 알게 해주신 최영애 박사님, 2022년 교육 개정의 핵심 이해로 6대 핵심역량을 키우는 선진교육을 안내해 주신 김정권 소장님과의 만남은 나의 교육 여정에 좋은 방향성을 알게 해주셨고, 이 시대가 요구하는 인재를 어떻게 교육해야 하느냐는 물음에 현명한 나침판이 되어주신 고마운 분들께 진심으로 감사드립니다.

책을 써보라고 권유해주실 때 '내가 할 수 있을까?' 망설임에 "원장님의 40년 경험은 이 시대 부모들에게 꼭 필요한 지혜"라는 따뜻한 격려와 함께, 책 쓰기 교육을 해주시며 이끌어주신 미주유치원 최성모 원장님이 없었다면, 감히 엄두를 내지 못했을 것입니다. 책을 집필할 수 있는 용기를 주셔서 진심으로 감사드립니다.

그리고 무엇보다, 저의 교육 철학을 믿고 매일 교육 현장에서 아이들을 위해 사랑과 헌신으로 최선을 다해주시는 우리 **성산아트유치원 선생님들과** 모든 **교직원분께** 사랑과 감사의 마음을 전합니다. 아이들이 교육현장에서 실행한 사례들을 생생하게 담고 싶어 수많은 자료사진을 찾아 편집해 주신 관리자 임선주, 양지현 선생님께 감사드립니다. 숲과 텃밭에서 아이들과 함께 뒹굴고, 그림책 한 권에 함께 울고 웃으며, 아이들의 작은 발견 하나하나에 감탄하는 여러분의 뜨거운 열정이 있었기에 우리 성산의 교육이 아름다운 꽃으로 피어날 수 있었습니다.

여러분은 저의 가장 훌륭한 동반자이자 자랑입니다.

또한, 우리 유치원을 믿고 가장 소중한 보물인 아이들을 맡겨주시며, 저희 교육 여정에 언제나 든든한 파트너가 되어주시는 **학부모님들께도** 진심으로 감사드립니다. 특히 '좋은 그림책 부모 모임' 등을 통해 함께 배우고 성장하는 모습을 보여주신 부모님들의 열정과 감동적인 변화는 제게 늘 큰 힘과 영감이 되었습니다. 아이들의 성장을 위해 함께 고민하고 노력해 주시는 부모님들이 계셨기에 저의 교육은 더욱 풍성해질 수 있었습니다.

유치원 원장의 삶을 살아가며 너무도 사랑스러운 아이들을 매일 만날 수 있어 감사하고 행복합니다. 나 자신을 잘 다스리며 나를 성찰하며 집중하는 시간을 위해 그림 공부를 시작하며 전시회를 열 수 있도록 이끌어주신 정혜영 선생님께도 감사드립니다.

이 책이 세상의 모든 부모님과 아이들에게 작은 희망과 위로의 등불이 되기를 소망하며, 함께 해주신 모든 분께 감사한 마음을 전합니다. 앞으로도 우리 아이들의 교육을 위한 배움과 나 자신의 자기 계발도 쉬지 않고 노력하며 실천하는 교육자가 되고 싶습니다.

교직원, 부모님들과 동행하며 좋은 명문교육기관 되도록 정성을 다하겠습니다.

김성옥
성산아트유치원 원장

필자의 취미생활 그림 2024년 또바기 전시회(경인미술관) 작품